Durch Selbstschulung
zur Bewusstseinserweiterung

Der Auftakt zum messianischen,
sophianischen Zeitalter

Durch Selbstschulung zur Bewusstseinserweiterung

Der Auftakt zum messianischen, sophianischen Zeitalter

Gabriele-Verlag
Das Wort

Der freie universale Geist ist
die Lehre der Gottes- und Nächstenliebe
an Mensch, Natur und Tieren

Durch Selbstschulung
zur Bewusstseinserweiterung

Der Auftakt zum messianischen,
sophianischen Zeitalter

von Gert Hetzel

1. Auflage März 2019

Max-Braun-Str. 2, 97828 Marktheidenfeld
Tel. 09391/504135, Fax 09391/504133
www.gabriele-verlag.com

Druck: KlarDruck GmbH, Marktheidenfeld

Bildnachweis:
Umschlag Collage: © letoosen/stock.adobe.com
© Mopic/shutterstock.com

ISBN 978-3-96446-019-6

Ihr Menschenseelen in allen Kulturen,
in den verschiedensten Religionen,
was wollt ihr? Wen oder was sucht ihr?

Kommt heraus aus der
dogmatischen Gefangenschaft!
Sucht Gott, den Ewigen,
das allgegenwärtige Sein, nicht in Religionen,
und lasst euch auch nicht täuschen
durch entsprechende Religionsgewänder.

Der Ewige,
der allgegenwärtige Geist, das Sein,
ist das Leben selbst,
Gott in euch, Gott in uns,
Gott in dir.

Der Cherub der göttlichen Weisheit
durch die Gottesprophetin Gabriele
in „Der Marsch der sieben Cherubim“

Inhalt

Einleitung

Der Freie Geist, Gott, schwebt über allen Religionen, über allen Glaubensanschauungen und Glaubensbekenntnissen.

Der Freie Geist, Gott, ist ein redender Gott. Der Freie Geist, Gott, der Ewige, der Schöpfer allen Seins, sprach und spricht zu allen Zeiten zu den Menschen dieser Erde durch Seine Gottespropheten. Heute, in der Umbruchszeit zum messianischen, sophianischen Zeitalter, offenbart Er sich erneut durch Seine Botschafterin und Lehrprophetin Gabriele. In Gabriele lebt der Seraph der göttlichen Weisheit aus dem Fürstenpaar vor Gottes Thron unter den Menschen, die hohe Frau aus dem Reich Gottes, deren Kommen schon vor 2000 Jahren vorhergesagt wurde.

Alle Boten Gottes, alle Gottesprophetinnen und Gottespropheten, alle erleuchteten Männer und Frauen kündeten von dem Freien Geist, dem redenden Gott, von Seinem ewigen Reich der Liebe und des Friedens, der Freiheit und Einheit. Sie brachten Sein Ewiges Wort, Sein Gesetz der Gottes und Nächstenliebe auf die Erde, damit auf der Erde ein Reich des Friedens und der Freiheit für alle Menschen und alle Kreatur und die gesamte Natur entstehen kann und für die Menschen der Weg zur Heimkehr in ihre ewige Heimat, in das Reich Gottes, bereitet ist. Der größte Prophet war Jesus von Nazareth, der Sohn Gottes, der auf Golgatha zum Erlöser aller Seelen und beseelten Menschen wurde.

Wenn alle Boten Gottes Sein Ewiges Wort brachten, warum wissen dann so wenige Menschen von dem Einen Gott, dem Freien Geist, Gott in uns, von Dem schon Christus, der Sohn Gottes, als Jesus von Nazareth sprach: *„Das Reich Gottes ist inwendig in euch"*? Was ist der Grund, warum sich die meisten Menschen der Realität und der Gegenwart des liebenden Vater-Mutter-Gottes nicht mehr bewusst sind? Und was können wir tun, um wieder zu dem Bewusstsein der Realität und Gegenwart des Freien Geistes, Gott in uns, zu gelangen?

Die Antwort auf diese Fragen kann jeder in der *Bundeslade des Freien Geistes, im Zelt Gottes unter den Menschen für alle Völker dieser Erde mit der Sophia Bibliothek* finden. Jeder ist frei, dieses Angebot anzunehmen. Und weil Gott, der Ewige, der Freie Geist ist, ist und bleibt auch jeder frei, der sich dafür entscheidet, dieses Angebot wahrzunehmen.

Es ist offenkundig, dass auf dieser Erde von Anbeginn nicht das göttliche Gesetz der Gottes- und Nächstenliebe herrscht, sondern ein anderes Gesetz, nämlich das System des Unfriedens, der Unfreiheit, der Unterdrückung, der Gewalt, der Kriege, der Vergänglichkeit und des Todes. Es ist das Gesetz des dämonischen Systems des Widersachers Gottes, über das alle Boten aus dem Reich Gottes in den Worten ihrer Zeit aufklärten und gleichzeitig den Weg lehrten, wie sich der Mensch aus der Vereinnahmung durch dieses dämonische Gesetz befreien kann, indem er auch auf der Erde das Gesetz des Reiches Gottes, das Gesetz der Gottes- und Nächstenliebe, schrittweise erfüllt, so wie es in den Zehn Geboten Gottes durch Mose und in der Bergpredigt des Jesus von Nazareth als Essenz enthalten ist. Und wie es bis heute sogenannte Christen in aller Welt im „Vaterunser" beten: *„Dein Wille geschehe, wie im Himmel, so auf Erden."*

Um das Wort Gottes durch Seine Gottespropheten, gerechte Männer und Frauen, zum Schweigen zu bringen, um zu verhindern, dass die Menschen diesen Weg der Gottes- und Nächstenliebe einschlagen, wurden die Boten aus dem Reich Gottes, so wie der Christus Gottes in Jesus von Nazareth, zu allen Zeiten verfolgt und viele getötet, ihre Botschaft, das Ewige Wort, wurde unterdrückt und ins Gegenteil verfälscht durch die Diener des dämonischen Systems in den Kulten und Religionen, durch die Priestergilde, die Talarträger aller Zeiten.

Doch Gott, der Ewige, der Freie Geist, lässt sich nicht zum Schweigen bringen. Sein Ewiges Wort, Seine Botschaft der Gottes- und Nächstenliebe, ist seit über 40 Jahren wiedergekommen durch Seine Gottesprophetin Gabriele, in ganzer Fülle, für alle Menschen aller Kulturen dieser Welt. Sein Wort hat seine Herberge auf dieser Erde gefunden in dem monumentalen Bauwerk, in der *Bundeslade des Freien Geistes, im Zelt Gottes unter den Menschen mit der Sophia Bibliothek,* wo es suchenden Menschen zugänglich ist in Schrift und Ton, für diese und für kommende Zeiten.

In über 40 Jahren ist aus dem Reich Gottes alles offenbart, also alles gegeben, was mit menschlichen Worten ausgedrückt werden kann – geistiges Wissen über die Entstehung und den Aufbau des Reiches Gottes, über Sein universales ewiges Absolutes Gesetz des Lebens, über die Entstehung des Falls und der Fallbereiche, über das Wirken der Propheten Gottes sowie die Entlarvung des dämonischen Systems Baal mit seinem diabolischen System der Unfreiheit und des Todes. Unermüdlich und in nie dagewesener Tiefe haben Christus und die göttliche Weisheit durch Gabriele in unserer Zeit den „Inneren Weg" gelehrt und geschult, den Weg, der jedem Einzelnen eröffnet ist, um mit Christus herauszufinden aus den Fesseln der dämonischen Vereinnahmung. Sie haben offenbart, wie dieses dämonische System angelegt ist, das auf einem Zahlencode basiert, gleichsam auf einem alles bestimmenden gegensätzlichen Programm, in dem sich Seele und Mensch verstricken, solange der Mensch diesen Zahlencode nicht entschlüsselt und sich davon befreit. Auf diesem Weg der Befreiung ist jedem geboten, sich selbst zu ändern durch Selbsterkenntnis und Bewusstseinserweiterung, um so Schritt für Schritt wieder zum kosmischen Bewusstsein zu finden. Wer diesen Weg geht, unterliegt immer weniger den Fesseln und der Beeinflussung durch ein gnadenloses dämonisches System, über das in dieser Schrift weitere Aufklärung erfolgen wird.

Weil das Unterbewusstsein der meisten Menschen, wenn von Gott die Rede ist, von der Indoktrination des zornigen strafenden Rachegottes der Religionskonglomerate geprägt ist, wird im Folgenden immer wieder daran erinnert, dass Gott, der Ewige, der Gott der Liebe und Weisheit, der Freie Geist ist. Weil Sein Wort das Wort der Wahrheit ist, kennt es keinen Zwang. Und weil Gott die Wahrheit ist, die nichts zu verbergen hat, hat Er auch keine Geheimnisse. Die ganze Wahrheit, soweit sie mit menschlichen Worten ausgedrückt werden kann, ist durch die Gottesprophetin Gabriele in unserer Zeit gegeben. Alles, was der Mensch wissen muss, um sich frei entscheiden zu können für das Wort des Freien Geistes, ist somit gegeben.

Die Freiheit der Entscheidung beinhaltet auch die Verantwortung des Einzelnen für seine Entscheidung. Zum Wort Gottes, zu Seinem Gebot der Gottes- und Nächstenliebe gehört, das Offenbarte nicht nur zu hören, sondern schrittweise in die Tat umzusetzen, wie es Jesus von Nazareth, der Sohn Gottes, zum Ausdruck gebracht hat in den Worten *„Wer diese Meine Lehre hört und sie tut, ist ein kluger Mann“* und in der Aufforderung *„Folget Mir nach“*.

Allen, die sich angesprochen fühlen, der Aufforderung des Jesus, des Christus, zu folgen, die Er in unserer Zeit immer eindringlicher an die Menschen richtet, steht die *Bundeslade des Freien Geistes, das Zelt Gottes unter den Menschen mit der Sophia Bibliothek* offen. Dort befinden sich Tonträger und Schriften für Gottsucher, die das Wort Gottes hören und lesen und das Gelesene in ihrem eigenen Leben in die Tat umsetzen möchten. Sie finden dort konkrete und unverfälschte Hilfe bis in die feinsten Facetten des menschlichen Daseins, gegeben in göttlichen Offenbarungen und aus dem erschlossenen Bewusstsein der Lehrprophetin und Botschafterin Gottes Gabriele.

Wir werden immer wieder darauf hinweisen: In der ganzen *Bundeslade des Freien Geistes* ist jeder frei, zu kommen, frei, zu lesen und zu hören und genauso frei, wieder zu gehen. Jeder ist und bleibt frei und ist gleichzeitig angesprochen, sein Bewusstsein selbst zu schulen und zu erweitern. Jeder ist frei, auf diese Weise die Realität des Reiches Gottes - Gott in uns - in seinem Innersten Schritt für Schritt wieder zu erschließen mit dem Ziel der Vollkommenheit der Seele, das schon Jesus von Nazareth vorgegeben hat:

„Werdet vollkommen, wie euer Vater im Himmel vollkommen ist!“

Dieser Weg ist ein Weg der Freiheit in die Freiheit. Niemand bleibt ohne Führung und Anleitung, er findet Antwort auf seine Fragen und Hilfe in allen Lebenslagen. Er findet sie unmittelbar in Hunderten von Stunden auf Tonträgern und in den Tausenden von Seiten des offenbarten göttlichen Wortes und der Schulungen aus dem erschlossenen Bewusstsein der Lehrprophetin Gabriele. Er wird dort keine Religion, keine Ideologie, keine Doktrin, keine Theorie und keine Thesen finden; kein Priester oder Pfarrer, kein Schriftgelehrter oder Lehrer oder sonstiger Glaubensverwalter und Statementabgeber wird ihn beeinflussen. Der Freie Geist beeinflusst niemanden. Jeder ist und bleibt frei. Das gilt für alles, was Sie hören und lesen, auf den Tonträgern und in den Schriften in der *Bundeslade des Freien Geistes* ebenso wie in dieser Schrift. Und denken Sie bitte auch immer daran:

Bauen Sie nicht auf die Worte – bauen Sie ausschließlich auf die Inhalte der Worte. Das Wort ist nur die Schale, der Inhalt, der Sinn ist entscheidend.

Über allem schwebt der Freie Geist, Gott

Dieser Satz begleitet den Besucher im *Zelt Gottes unter den Menschen* und erinnert daran, dass der Freie Geist, Gott, sowohl das Ziel der Selbstschulung als auch der Weg dorthin ist. Der Satz kann eine Bewusstseinsstütze und eine Hilfe sein, um sich von der falschen Vorstellung von Gott, dem Ewigen, zu befreien, die den meisten Menschen seit Jahrtausenden vermittelt wurde und immer noch vermittelt wird. Es ist in der Welt weit verbreitet, dass Menschen von frühester Kindheit an in das Zwangskorsett religiöser oder ideologischer Kulte gepresst und von deren Glaubensverwaltern indoktriniert werden. Vielfach wird dabei den Vereinnahmten das Bild eines fernen, zornigen und strafenden Rachegottes vermittelt, eines „Gottes" der Unfreiheit, des Hasses und der Zerstörung, das dem brutalen Charakter und Verhalten seiner Kultverwalter entspricht. Es sind die Vorstellungen unterschiedlichster heidnischer Götzenkulte wie die des Baalskultes, die sich im Laufe der Zeiten immer neue Namen gegeben haben und heute verbreitet sogar unter dem falschen Etikett „christlich" auftreten. Deshalb werden heute in unserer Welt ebenso viele unterschiedliche Götter angebetet, wie es Kulte gibt.

In Anlehnung an einen der bekanntesten Kulte kann man diese Kulte auch global als das System Baal bezeichnen.

Wer sich von diesen Trugbildern religiöser Konglomerate frei macht, findet zum Ewigen Wort des Einen Gottes, des Freien Geistes. Und er durchschaut auch die infame Lüge, mit der klerikale Priester-Kulte den Mord auf Golgatha an Jesus von Nazareth, dem Christus Gottes, auf Betreiben der Priesterkaste als angeblich notwendiges Menschenopfer des Sohnes Gottes zur Versöhnung Seines angeblich zornigen Vaters verleumden.

Der Freie Geist, Gott, der über allen Religionen, über allen Glaubensanschauungen und Glaubensbekenntnissen, über jeder Ideologie und jeder Doktrin steht, ist der Gott der Liebe und Freiheit, ein naher Gott, den wir als Vater anreden dürfen, der jeden von uns kennt und der jedem von uns ganz nahe ist. Ein liebender Vater ermordet nicht Seine Kinder. Gott, der Ewige, ist das Leben, Er kennt keinen Tod. Der Ewige All-Eine Vater-Mutter-Gott hat das gesamte Sein geschaffen nach Seinem ur-ewigen kosmischen Gesetz der Einheit, der Liebe und Freiheit. Nach Seinem universalen Gesetz des Lebens sind alle Seine Kinder frei und Erben der gesamten Unendlichkeit. Sein Gesetz der Liebe und Freiheit gilt für alle Seine Kinder, auch für diejenigen, die als Menschen auf der Erde leben. In ihrem Innersten, im Urgrund ihrer Seele, tragen alle Kinder Gottes das Leben aus Gott, weshalb es auch heißt: Gott in uns! In unserem Innersten sind wir durch Seinen Geist mit allem Leben verbunden, mit allen Universen und allen Gestirnen, mit allen Wesen, mit allen Pflanzen und Tieren, mit jedem Mineral, mit der gesamten Schöpfung.

Dies ist die tröstliche Wahrheit aus dem Reich Gottes, die alle Seine wahren Propheten den Menschen aller Zeiten gebracht haben. Als Kinder Gottes sind wir zwar unserem Ursprung nach geistig-göttliche Wesen, doch wir haben uns von Gott abgewandt und unsere geistige Heimat, das Reich Gottes, verlassen, als wir uns gegen die kosmische Liebe und Freiheit des Reiches Gottes entschieden und uns dem sogenannten Fall und damit dem Gesetz des Widersachers Gottes unterworfen haben. Damit haben wir uns von dem ewig strahlenden göttlichen Licht abgewandt. Auf unserem Weg durch die sogenannten Fallbereiche bis hin zum materiellen Kosmos mit der Erde hat sich mit unserer zunehmenden Verschattung und Verdichtung unser Bewusstsein mehr und mehr eingeengt, und wir haben die unmittelbare Verbindung und die Kommunikation mit dem Reich Gottes und mit Seiner Lichtsprache verloren.

Deshalb sind wir uns der Wahrheit über unsere wahre Herkunft aus dem Reich Gottes meist nicht mehr bewusst. Das heißt aber nicht, dass wir die Wahrheit nicht trotzdem kennen könnten. Denn Gott, der liebende Vater aller Seiner Kinder, hat die Wahrheit zu allen Zeiten durch Seine Boten auf der Erde verkündet, so wie auch durch den größten Propheten, Seinen Sohn, den Christus Gottes. Und Gott und Christus verkünden heute wiederum die ganze Wahrheit durch die Lehrprophetin und Botschafterin Gottes Gabriele.

Jeder, der heute nach der Wahrheit aus dem Reich Gottes sucht, kann sie auch finden. Und wo kann man die Wahrheit aus dem Reich Gottes finden? Wenn es um diese Frage geht, entspricht es der Logik, dass man die Antwort bei Gott selbst sucht. Und Gott, der Ewige, gab und gibt darauf Antwort. Er hat die Antwort zu allen Zeiten in Seinem Ewigen Wort durch Seine Gesandten aus dem Reich Gottes gegeben, die die Lichtsprache Gottes in die jeweilige menschliche Muttersprache des prophetischen Instruments übersetzen. Das war zu allen Zeiten so, und das ist auch heute wieder so. Es ist Sein Ewiges Wort, gesprochen vor Abraham und von Abraham bis Gabriele. Durch Seine Gottesprophetinnen und Gottespropheten wissen wir von dem Einen Gott, dem Ewigen, dem Freien Geist, und von Seinem Reich der Gottes- und Nächstenliebe, des Friedens und der Freiheit. Durch Seine Gottesprophetin Gabriele führt uns der Christus Gottes heute in die ganze Wahrheit, so, wie Er es als Jesus von Nazareth verheißen hat.

Das ist der Weg, auf dem sich das Reich Gottes den Menschen zu allen Zeiten offenbarte. Religionen und Priesterkulte haben mit der Wahrheit aus Gott und mit dem Reich Gottes, dem Ewigen Sein, nichts zu tun. Bei Gott, dem Freien Geist, gibt es keine Religionen, keine Kulte, keine Rituale, keine Dogmen, keine Priester oder Theologen. Der Freie Geist, Gott, braucht auch keine Glaubensvermittler oder gar Stellvertreter, denn Er selbst, Sein Geist, ist gegenwärtig in jeder Seele und in jedem beseelten Menschen. Wozu bedürfte es dann angeblicher Stellvertreter?

Kein Gottesprophet hat je eine Religion gegründet oder Priester und andere Glaubensverwalter eingesetzt. Im Gegenteil: Jesus, der Christus, hat die Religionsfunktionäre Seiner Zeit mit deutlichen Worten als *„Nattern"* und *„Otterngezücht"* bezeichnet. Und Er hat sie *„Söhne* *des Vaters der Lüge"* genannt, der *„ein Mörder war von Anfang an"*, wie in den Schriften heutiger Priesterkulte, in der sogenannten Bibel, immer noch nachzulesen ist.

Warum sollte man Religionsverwaltern vertrauen, die Menschen vom Säuglingsalter an vereinnahmen und ihnen ihre Zwangsreligion auferlegen, in der die Menschen ihren „Gott" der Gewalt und Unfreiheit, des Zornes und der Rache, des verbrämten symbolischen Blutopfers, der Verfluchung, der Hölle und der ewigen Verdammnis anbeten müssen und in der die Priester dieses Kultgottes auf Kosten ihrer Abhängigen ein Leben in steinreichen Konglomerationen führen? Warum sollte man solchen Kultverwaltern glauben, dass Gott heute nicht mehr durch Seine Gottespropheten zu den Menschen spricht, sondern durch Religionsverwalter – ausgerechnet durch die Gilde, auf deren Betreiben der Christus Gottes als Jesus von Nazareth so schändlich ermordet wurde? Warum sollte man ihnen glauben, wenn sie vom angeblichen Geheimnis Gottes sprechen?

Der Freie Geist, Gott in uns, hat, wie bereits dargelegt, keine Geheimnisse, Gott, der Ewige, hat nichts zu verbergen. Er hat immer zu Seinen Kindern in dieser

Welt gesprochen – Er hat dies immer durch Seine Boten, Seine Gottespropheten getan, niemals, zu keiner Zeit durch Schriftgelehrte oder andere Religionsfunktionäre.

Der Freie Geist, Gott, hat auch kein „du musst", sondern Er lässt jedem die Freiheit, den freien Willen. Er zwingt uns zu nichts, aber Er ist immer in unserem Innersten gegenwärtig und steht uns bei – Gott in uns –, ebenso wie auch Sein Sohn Christus, der Erlöser aller gefallenen Kinder Gottes. Gott, der Ewige, Sein Sohn, der Christus Gottes, und der Cherub der göttlichen Weisheit zeigen uns im Prophetischen Wort ihrer Prophetin und Botschafterin Gabriele heute in allen Details den Weg, auf dem jeder die Wahrheit, die Realität des Reiches Gottes, in sich selbst, in seinem Innersten, wieder erschließen und selbst erfahren kann. Aus ihrem erschlossenen Bewusstsein erläutert Gabriele das offenbarte Wort und hat so ein umfassendes Lehr- und Schulungswerk geschaffen, das jedem Gottsuchenden Anleitung und Hilfe bietet.

Jeder ist frei, mit der Anleitung aus dem Geiste Gottes durch Selbsterforschung und Selbsterfahrung sein Bewusstsein zu erweitern und so sich selbst den Beweis zu erbringen: Gott in uns.

Der Freie Geist, Gott, ist der Ursprung allen Lebens nach Seinem ewigen Gesetz der Liebe

Wer nichts von der Wahrheit aus dem Reich Gottes weiß oder sogar in den Vorstellungen religiöser Kulte verhaftet ist, glaubt, was in dieser Welt geschieht, habe mit Gott zu tun.

Wenn der Freie Geist, der Schöpfer des Ewigen Seins, ein Gott der Liebe, der Freiheit, des Friedens und Einheit ist, warum herrscht dann in dieser Welt nicht Frieden, Einheit und Freiheit, sondern das Gegenteil, nämlich Hass, Neid, Unfrieden, Krieg, Gewalt und Tod?

Die Antwort ist einfach: Der Zustand dieser Welt und der Menschen, die in ihr leben und die Erde immer mehr zugrunde richten, ist nicht gottgewollt; er entspricht nicht dem Willen und dem Gesetz der Liebe und Freiheit Gottes, nach dem der Ewige All-Eine Seine göttliche Schöpfung und Sein Kindervolk geschaffen hat.

Wer ist dann verantwortlich für den Zustand dieser Welt? Die Antwort ist ebenso einfach: Der Zustand dieser Welt und der Menschheit ist das Werk des Widersachers Gottes, den wir heute Dämon nennen, und seines gegen Gott gerichteten dämonischen Gesetzes, mit dem er die abtrünnigen Kinder Gottes in die Abgründe des sogenannten Falls geführt hat und mit dem er heute noch in dieser Welt herrscht.

Diese Tatsache wissen viele Menschen nicht oder wollen sie nicht wahrhaben, obwohl Gott, der Ewige, Seine abtrünnigen Kinder zu allen Zeiten darüber aufgeklärt hat durch Seine Wortträger, vor allem auch durch Seinen Sohn Jesus, den Christus, der mit Seiner Aufforderung *„Folget Mir nach"* und Seiner Lehre der Gottes- und Nächstenliebe auch den Weg in die Freiheit – heraus aus dem Unfrieden dieser Welt, aus der Unfreiheit der dämonischen Vereinnahmung –, gewiesen hat, der schließlich zur Rückkehr in das Reich Gottes führt.

Unter dem Einfluss der Priestergilde machen sehr viele Menschen Gott, den Ewigen, verantwortlich für Not, Krankheit, Unglück und für das Negative in dieser Welt, teilweise mit absurden Erklärungen wie: „Wen Gott liebt, den straft er", oder mit Parolen vom „unergründlichen Geheimnis Gottes". All das sind Unwahrheiten aus der Dogmenküche der Talarträger verschiedener Gewandungen, mit denen sie den Einen Gott, den Freien Geist, den liebenden Vater aller Seiner Kinder, auf besonders infame Art verleumden.

Eine Ahnung von der Wahrheit des Gottes der Liebe und Weisheit scheinen viele Menschen dennoch heute noch in sich zu tragen. Selbst Anhänger von Religionen und Kulten, denen ihre Vorbeter und Funktionäre das Bild eines grausamen Rachegottes und eine ebenso blutrünstige Lehre einimpfen, sehnen sich für die Zeit nach ihrem Tod nach einem sogenannten Paradies, das sie sich als lichten und friedvollen Ort ausmalen. Das Ahnen und die Sehnsucht der Seele nach Frieden, Liebe und Einheit, das darin zum Ausdruck kommt, konnte die Priestergilde also nie ganz auslöschen, auch wenn aufgrund ihrer seit Jahrtausenden anhaltenden Herrschaft und der Indoktrination durch heidnische Kulte und ihre Priesterkaste das Wissen um die Existenz des Freien Geistes, des einen Vater-Mutter-Gottes aller Seiner Kinder, der die Liebe und Freiheit ist, im Bewusstsein der Menschen weitgehend verloren gegangen ist.

Um das zu erreichen, haben die Anhänger des dämonischen Transfers, auch „Gott" Baal genannt, das Ewige Wort des Freien Geistes, Gott, zu allen Zeiten verfolgt und Seine Wortträger oftmals ermordet. Anstifter waren und sind die Priester des Widersachers Gottes, die Schriftgelehrten und Talarträger der Konglomerationen unterschiedlichster Gewandung des Systems Baal, die Eminenzen und Exzellenzen, die mit ihren dämonischen Herrschaftsstrukturen seit Ur-Zeiten die Menschen unterdrücken und in die Irre führen.

Die Bundeslade des Freien Geistes, das Zelt Gottes unter den Menschen für alle Völker dieser Erde mit der Sophia Bibliothek

In der heutigen Zeit, in der Wende zum beginnenden messianischen, sophianischen Zeitalter des Freien Geistes, Gott in uns, ist all das aufgeklärt und richtiggestellt worden, was in den vergangenen Tausenden von Jahren von der Priestergilde unterdrückt, verfälscht und an Verleumdungen über Gott, den Ewigen, und Seine Propheten, gerechte Männer und Frauen in Umlauf gebracht worden war.

Es wurde aufgeklärt und richtiggestellt aus dem Reich Gottes durch das Trägerpaar der göttlichen Weisheit, durch den Cherub, den Gesetzesfürsten der göttlichen Weisheit im Geiste, und durch den Seraph, die Gottesprophetin Gabriele im Erdenkleid.

Weil das so ist, wie es ist, hat das Heiligtum Gottes, das Sein, auf der Erde sein Zelt aufgeschlagen und lädt alle Menschen aus allen Völkern dieser Erde ein, das in unserer Zeit über vier Jahrzehnte gegebene Wort aus dem Reich Gottes zu lesen und zu hören, das auch gesprochen ist für alle Gottespropheten und Gottesprophetinnen von Abraham bis Gabriele, auch für alle gerechten Männer und Frauen. Wir nennen diese Herberge des Wortes Gottes auf der Erde die *Bundeslade des Freien Geistes, das Zelt Gottes unter den Menschen für alle Völker diese Erde mit der Sophia Bibliothek*.

Millionen von Menschen haben in den vergangenen 40 Jahren von der ganzen Wahrheit aus dem Reich Gottes gehört. Sie haben begonnen, die Unwahrheiten religiöser Statementabgeber zu hinterfragen und zu durchschauen. Es werden immer mehr, die von ihrer göttlichen Herkunft gehört haben und mehr darüber aus der Fülle des offenbarten Schatzes des Wortes Gottes erfahren wollen. Und immer mehr fühlen sich vom Ruf des Christus Gottes, des Friedefürsten, angesprochen, ihr göttliches Erbe in sich selbst wieder zu erschließen und Christus nachzufolgen auf dem Weg zum kosmischen Bewusstsein.

Das messianische, sophianische Zeitalter ist angesagt. Das bedeutet: Heimholung der Kinder Gottes und das Kommen des Christus Gottes ist angezeigt. Dieser Weg der Bewusstwerdung und Bewusstseinserweiterung wird in unserer Zeit im Erlöserwerk des Christus Gottes von der göttlichen Weisheit durch Gabriele in allen Details geschult. Es ist der ***Innere Weg zum kosmischen Bewusstsein***. So lautet auch der Titel des gleichnamigen großen Offenbarungswerkes aus der göttlichen Weisheit mit Erläuterungen von Gabriele. Es ist das zentrale Lehr- und Schulungswerk für alle, die den Weg der Bewusstseinserweiterung intensiv und täglich Schritt für Schritt beschreiten möchten. Dieses Werk gehört zu der großen Fülle an Offenbarungen, Aufklärungen, Schulungen und Hilfen aus dem Gottesgeist, die in ihrer Gesamtheit in der *Bundeslade des Freien Geistes* zu hören und zu lesen sind. Jeder kann dort das finden, was ihn im Augenblick anspricht oder was ihn schon länger beschäftigt. Jeder kann sich völlig frei informieren und entscheiden, was er lesen oder hören möchte.

Es sei nochmals betont: Kein Pfarrer oder Schriftgelehrter, kein Priester oder Dogmatiker oder sonstiger Religionsvertreter – auch sonst niemand – wird ihn dabei beeinflussen. Alles, was Sie bewegt, alles, was für Sie wichtig ist, finden Sie in unverfälschten Originalaufzeichnungen. Wer sich mit der Frage beschäftigt oder sich entschlossen hat, aktiv den Weg der Bewusstseinserweiterung zu beschreiten, der findet Offenbarungen, Schulungen und Hilfestellungen aus dem Gottesgeist und dem erschlossenen Bewusstsein Gabrieles in großer Zahl. Auf einige dieser Werke, Bücher und Ton-Aufzeichnungen werden wir in dieser Schrift später noch näher eingehen.

Bei Ihrer Suche kann Ihnen der Hinweis eine Hilfe sein, den wir in den Schulungen und Schriften immer wieder finden:

Lernen Sie, bei allem, was Sie lesen oder hören, in den Worten, in den Sätzen, die Sie lesen oder hören, sich selbst zu finden, indem Sie den Inhalt erfassen. Die Worte sind die Schale, der Inhalt – das, was in der Schale liegt – spricht Sie an. Der Inhalt sagt Ihnen, was für Sie von Bedeutung ist, welche Schritte für Sie anstehen, um Ihr Bewusstsein zu schulen und zu erweitern. So lernen wir letztlich auch, aus der Einengung unseres allzumenschlichen Daseins wieder in die Freiheit aus Gott zu finden.

Dieser Hinweis gilt uneingeschränkt auch für den später dargelegten kurzen Überblick über einige Schriften und Bild- und Tonträger aus der *Bundeslade des Freien Geistes*. Er gilt insbesondere aber auch für die etwas ausführlichere Darstellung der Zusammenhänge und der Ereignisse, die dazu geführt haben, dass das *Zelt Gottes* in unserer Zeit aus dem Heiligtum Gottes auf die Erde gekommen ist. Gerade auch bei diesen Darlegungen ist es wichtig, den Kern, den Sinn des Wortes zu erfassen. Es handelt sich dabei um den Versuch, auch Geschehnisse aus dem siebendimensionalen Ewigen Sein, die aus dem Reich Gottes offenbart wurden, mit unserer menschlichen Sprache aus unserer dreidimensionalen Wahrnehmungswelt wiederzugeben. Dies kann naturgemäß nur unvollständig gelingen und nur sinngemäß erfolgen.

Auch wenn wir in unserer Vorstellungswelt also durch die Dimensionen dieser Welt begrenzt sind, erleben wir in der Fülle der Offenbarungen aus dem Reich Gottes den Beweis, dass Gott nicht schweigt und dass Er keine Geheimnisse vor uns hat. Durch das, was Er uns offenbart, verstehen wir, dass alles, was Religionen, Kulte, Ideologien oder menschliche Theorien über Gott und das Reich Gottes seit Jahrtausenden verbreiten, Makulatur ist und zu großen Teilen außerdem nicht wahr sein kann. Weil das prophetische Wort Gottes in unserer Zeit wiedergekommen ist, muss niemand mehr auf die Führung blinder Blindenführer hereinfallen, keiner muss sich mehr den Drohungen und dem Druck von Geheimnisverwaltern unterwerfen, jeder kann seine Vernunft und Logik walten lassen und selbst abwägen und entscheiden – und das in aller Freiheit und ohne jeglichen Zwang. Und das gilt für alle Fragen unseres Daseins, gerade auch für die existentiellen Fragen nach Gott und nach unserem Leben vor diesem Leben und nach dem irdischen Tod. Wer diese Wahrheit kennt und geistiges Wissen hat, erhält damit auch das Rüstzeug für den geistig-göttlichen Schulungsweg, den Weg zum Herzen Gottes, den *Inneren Weg zum kosmischen Bewusstsein*.

Der Verlust des kosmischen Bewusstseins

Die folgenden Ausführungen geben Aspekte wieder aus vielen Offenbarungen der letzten über 40 Jahre, in denen sich Gott, der Ewige, Sein Sohn, der Christus Gottes, und der Gesetzesfürst vor Gottes Thron, der Cherub der göttlichen Weisheit, durch Gabriele offenbart haben.

Besonders das Wissen um die wahre Existenz und den Aufbau des Reiches Gottes war der Menschheit bis in unsere Zeit hinein weitgehend verloren gegangen. Auch die Tatsache, dass wir auch als beseelte Menschen in unserem Ursprung geistige Wesen sind und aus dem Reich Gottes kommen, hat die Priestergilde aller Zeiten aus dem Bewusstsein der Menschheit verdrängt und damit auch die Erkenntnis, warum wir nicht mehr in unserer ewigen Heimat sind, sondern in dieser materiellen Welt unser Dasein fristen – also die Antwort auf die existenziellen Fragen: Woher komme ich, wohin gehe ich, gibt es einen Gott? Dabei ist all dies, um es zu wiederholen, kein Geheimnis, denn das Reich Gottes hat es durch Seine Gottespropheten immer offenbart und tut dies nun erneut in allen Einzelheiten durch Gabriele.

Das Geschehen, mit dem all das begann, von dem im Folgenden die Rede sein soll, ist der sogenannte Fall, die Abkehr einiger Kinder Gottes von Gott, dem Schöpfer des reinen Seins, und von Seiner Schöpfungsordnung, Seinem Gesetz der Liebe, der Freiheit und Einheit, um eine eigene, „bessere" Schöpfung nach ihrer Vorstellung zu kreieren.

Eine Vorstellung davon, was wir mit der Abkehr von dem liebenden Vater-Mutter-Gott und damit von der ewigen Heimat des Reiches Gottes aufgegeben haben, können uns einige Sätze aus einer Offenbarung des Cherubs der göttlichen Weisheit aus dem Jahr 2017 vermitteln, die den Titel trägt: ***Das Ewige Wort – die freien Gemeinschaften im Zeichen der Lilie auf allen Kontinenten dieser Erde***, und die auch in ganzer Länge als Aufzeichnung in der *Bundeslade des Freien Geistes, im Zelt Gottes unter den Menschen für alle Völker dieser Erde mit der Sophia Bibliothek* zu hören ist.

Der Cherub der göttlichen Weisheit gibt darin Einblicke in den Aufbau des Reiches Gottes, von denen hier ein Auszug wiedergegeben wird:

„Vor Gottes Thron befinden sich sieben Cherubim mit ihren Seraphim, die das ewige Reich Gottes führen und betreuen, und das im Namen des Allerhöchsten, der das allwaltende Gesetz der Gottes- und Nächstenliebe ist.

Vier Cherubim mit ihren Seraphim sind die Schöpfungs-, Schaffungs-, Formierungs- und Gestaltungskräfte im Ewigen Sein: Ordnung, Wille, Weisheit und Ernst.

Die weiteren drei Cherubim und Seraphim sind Güte, Liebe und Sanftmut, auch Geduld, Liebe und Barmherzigkeit genannt, die vorwiegend in den vier Entwicklungsebenen wirken, in der Schöpfungswiege Gottes, in welcher sich alle geistigen Lebensformen entwickeln, bis hin zur Kindschaft Gottes, zur ewigen Sohn- und Tochterschaft Gottes im Vater-Mutter-Gott, der das Lebensprinzip des Ewigen Seins ist.

Alle Söhne und Töchter Gottes sind Erben des reinen Seins. Ihr göttlicher Leib, der in der Partikelstruktur aufgebaut ist, ist rein, und somit sind alle göttlichen Wesen reine Geistwesen. Sie sind das Gesetz selbst, das formgewordene Gesetz des Ewigen Seins.

Jedes reine göttliche Wesen ist die Essenz aus den sieben Urkräften des ewigen Reiches Gottes, auch Grund-

Die 7 Grundstufen des Göttlichen Gesetzes

kräfte genannt: Ordnung, Wille, Weisheit, Ernst, Güte, Liebe und Sanftmut. *Alle reinen Wesen, die Geistwesen, sind also Söhne und Töchter Gottes, des Einen Gottes, des Vater-Mutter-Gottes der Liebe und Nächstenliebe. Bis in alle Feinheiten sind sie gleichwertiges Sein im Sein.*

Als das Reich Gottes sich von Äon zu Äon erweiterte und über die vier Evolutionsebenen, die Schöpfungswiege Gottes, ausgereifte Naturwesen durch das göttliche Prinzip der Dualität von Geistwesen in die Kindschaft Gottes erhoben wurden, entstanden durch das Lebensprinzip der Dualität die ersten geistigen, göttlichen Familien, wodurch das Reich Gottes von Äon zu Äon von göttlichen Wesen bevölkert, gleich belebt wurde.

Hier ist anzumerken: Das ewige Reich Gottes ist das Gesetz der Gottes- und Nächstenliebe. Mit den Worten der Menschen gesprochen, ist das Reich Gottes unvorstellbar groß, also ein mächtiges Reich."

Von diesem ewigen Reich Gottes wandten sich in der Folge einige Geistwesen ab. Sie wollten es anders, besser machen als Gott, also eine bessere Schöpfung schaffen als Gott, der Ewige. Der Vater-Mutter-Gott ließ Seinen abtrünnigen Kindern für ihr Vorhaben den freien Willen, denn der freie Wille ist Bestandteil Seines göttlichen Gesetzes der Liebe und Freiheit. In Seiner unendlichen Liebe gab der Ewige den abtrünnigen Kindern sogar noch ein Quantum Seines Schöpfungspotentials, Seiner Lichtäthermasse mit, mit der sie nach ihrer Vorstellung schöpfen konnten. Außerdem gab Er ihnen Teile geistiger Planeten als Wohnstätten mit, samt der Natur und den Tieren, denn diese gehören zu den jeweiligen Planeten. Das Ganze ist eine Leihgabe für eine bestimmte Zeit, die den abtrünnigen Wesen bewusst war.

Nach Zeiten über Zeiten ist es unübersehbar, dass die gefallenen Kinder Gottes diesen Beweis nicht erbracht haben. Im Gegenteil: Sie haben die Teile aus den Planeten des reinen Seins mitsamt allem von Gott geschaffenen Leben, ebenso wie sich selbst, immer mehr verschattet, indem sie die Bestandteile des Lichtäthers, die geliehene Schöpfungsmasse, nach ihren Vorstellungen veränderten. Sie haben ihre Bereiche und sich selbst vom ur-ewigen Zufluss der Energie aus dem göttlichen Urgestirn, auch Urzentralsonne genannt, abgeschnitten, von dem ewig die gesamte göttliche Seins-Schöpfung beatmet und gespeist wird.

Besonders die energetischen Bewusstseinskräfte der göttlichen Liebe, der Güte – auch Geduld genannt – und der Sanftmut – der göttlichen Barmherzigkeit – wollten die abtrünnigen Wesen nicht so annehmen, wie es der Ewige All-Weise in Seinem Schöpfungsplan geschaut und geschaffen hat. Diese drei Bewusstseinskräfte, auch Kindschaftseigenschaften genannt, sind wesentliche Aspekte der göttlichen Seins-Schöpfung mit dem Kindervolk des Vater-Mutter-Gottes. Zusammen mit den vier göttlichen Schöpfungs- und Schaffungskräften der Ordnung, des Willens, der Weisheit und des Ernstes bilden sie, wie offenbart, die sieben Grund- gleich Gesetzeskräfte Gottes. Es ist das All-Gesetz des Seins. Gott, der Ewige, die All-Intelligenz, ist in allem und in allen, auch in allen Sonnen, in allen Planeten; in allen Kräften der Unendlichkeit ist das Leben, Gott. Der ewige Schöpfer ist also in Seiner Schöpfung allgegenwärtig. Deshalb steht im Reich Gottes alles mit allem in Kommunikation nach dem Prinzip „Verbinde und sei", welches die Einheit allen Seins bedeutet.

Die abtrünnigen Wesen folgten dagegen ihren eigenen Vorstellungen, die man als das Prinzip des „Trenne, binde und herrsche" bezeichnen kann, mit dem Ziel:

„Schaffe Herrschende und Untergebene." Dabei versuchten sie, mit dem Widersacher Gottes an der Spitze, den Aufbau der göttlichen Seins-Schöpfung zu kopieren, aber mit ihren sieben umgepolten Kräften der Unordnung, des Eigenwillens, des Intellekts, der Gleichgültigkeit, der Ungeduld, der Selbst- oder Eigenliebe und der Unbarmherzigkeit.

Der dämonische Zahlencode

Während der Umpolung der sieben göttlichen Kräfte in die sieben gegensätzlichen Kräfte des Widersachers bildete sich ein Zahlencode, gleichsam ein Programm, auf dessen Basis seither alle Vorgänge im Herrschaftsbereich des Widersachers Gottes abliefen, bis hin zu der Entstehung und Steuerung des Menschen. Entsprechend diesem Zahlencode veränderten sich schrittweise die von Gott überlassenen feinstofflichen Gestirne und der geliehene Lichtäther, von dem Gott, der Ewige, den abtrünnigen Wesen ein Quantum mitgegeben hatte. Die Veränderungen setzten auch bei den abtrünnigen Wesen selbst ein – ihr Bewusstsein wurde enger, ihre eigenen

Geistkörper verdichteten sich. Allmählich reduzierte sich die Schwingungsfrequenz so stark, dass sich die abtrünnigen Wesen im reinen Sein des Reiches Gottes nicht mehr halten konnten. Sie verloren auch schrittweise ihre feine, ursprünglich rein-geistige Gestalt und nahmen entsprechend ihrem immer gröberen Bewusstsein immer gröbere Formen an, bis hin zum grobstofflichen Menschen; ebenso verdichteten sich auch die Teile der ursprünglich geistigen Planeten mit den darauf lebenden Pflanzen und Tieren, die ihnen Gott, der Ewige, überlassen hatte. Mit dem Fall richtete sich alles auf die Dichte aus, die zur Materie führte, die nichts anderes ist als die Umpolung der sieben göttlichen Kräfte.

Das Liebe-Gesetz der Freiheit und Gott, der Freie Geist, in Seiner Güte und Barmherzigkeit griffen in den freien Willen Seiner abtrünnigen Kinder nicht ein. Aber seit dem Fall ertönt auch immer der Ruf des Freien Geistes, umzukehren und wieder frei zu werden von dem Code-Zwang, von der Umstrukturierung der sieben Kräfte, die uns auch an die Materie mit ihrer Vergänglichkeit bindet. Der Kosmos ist die Unendlichkeit, und wir sind in unserem Ursprung Kinder der Unendlichkeit – ohne Code-Zwang.

Trotz der ständig zunehmenden Verdichtung und Verschattung werden auch die Bereiche des Falls und die darin lebenden Seelen und Menschen im Innersten ihrer Seele, im unbelastbaren Wesenskern, immer noch vom göttlichen Licht, vom Leben aus Gott, erhalten. Doch dieses Licht ist überlagert und abgedeckt von der dämonischen Ummantelung, von den Hüllen und Schatten, mit welchen die abtrünnigen Wesen unter den Vorgaben des Zahlencodes sich selbst ummantelt haben. Die alles erhaltende göttliche Energie, die auch alle Fallbereiche im Innersten zusammenhält, kann der Widersacher nicht angreifen. Die ewig strömende göttliche Energie, mit der das Zentrum des Seins, die Urzentralsonne, alle Ebenen des göttlichen Seins unaufhörlich in ehernen Zyklen beatmet und belebt, kann der Widersacher nicht für seinen Zahlencode einsetzen.

Das geistige Erbe, das die abtrünnigen Wesen ausgelöst und als Leihgabe mitbekommen haben, das Quantum Lichtäther, ist weitgehend aufgebraucht. Der Widersacher hat damit, mit seinem Code, mit seinem Gesetz, sein eigenes System geformt, das der Vergänglichkeit anheim fällt. Deshalb wird er immer energieärmer. Die Zeit läuft ab, die dem Widersacher für sein Vorhaben gegeben ist, um zu beweisen, dass er es besser kann als Gott, der Ewige. Die Leihgabe Gottes, das Quantum Lichtäther, hat der Widersacher verspielt und kann es nicht zurückgeben, weil er es mit seinem Zahlencode verpolt hat. Deshalb wird der Umwandler, der Ewige Geist, in dem innewohnenden göttlichen Kern aktiv werden, um die Leihgabe wieder in ihren ursprünglichen göttlichen feinstofflichen Bewusstseinsstand zu erheben. Das bedeutet: Alle verdichteten und materiellen Formen werden in die *Expansion* geführt, sofern sie sich bis dahin nicht durch *Evolution* wieder hin zum feinerstofflichen Aggregatzustand entwickelt haben. Diese Expansion wird gewaltige Erschütterungen und Umbrüche zur Folge haben.

Das System des Widersachers, auch das dämonische System oder das System Baal genannt, wird jetzt schon nur noch von den Negativ-Energien der Menschen gespeist, die im Netz des dämonischen Zahlencodes verhaftet sind. Diese Menschen senden entsprechend ihrer Codierung nach dem dämonischen Zahlencode in ihren negativen Empfindungen, Gefühlen, Gedanken, Worten und Handlungen ständig negative Energien aus, die das baalistische System benutzt, um es für seine gegen Gott gerichteten Ziele einzusetzen.

Zum näheren Verständnis noch einige weitere Erläuterungen

Aus den Offenbarungen aus dem Reich Gottes durch Gabriele über die Entstehung der Fallwelten wissen wir, dass der Widersacher Gottes in dem geistigen Erbe, in dem Lichtäther, den Gott, der Ewige, den abtrünnigen Wesen als Leihgabe überlassen hat, entsprechend seinem Zahlencode, seinem eigenen Gesetz, Veränderungen in den rein geistigen Bausteinen des Lebens vorgenommen hat.

Mit unseren Worten kann man diese geistigen Bausteine des Lebens so beschreiben, dass sie von fünf höchstpulsierenden und höchstschwingenden geistigen Atomarten gebildet werden. Diese bilden den fließenden Lichtäther und sind auch die Lebensträger aller manifestierten Formen, sowohl der geistigen als auch der materiellen. Diese geistigen Atomarten sind so aufgebaut, dass die drei göttlichen Kindschaftseigenschaften der Liebe, Güte und Sanftmut den Kern bilden; um den Kern gruppieren sich die vier göttlichen Wesenheitskräfte, Ordnung, Wille, Weisheit und Ernst genannt.

Der Widersacher veränderte und verlagerte in seinen Bereichen die fünf geistigen Atomarten nach seinen

Vorstellungen, man könnte auch sagen, mit seinem Zahlencode. Dadurch bewirkte er Veränderungen an den geistigen Körpern der abtrünnigen Wesen, ebenso wie an den Planeten des Falls, auf denen diese lebten, einschließlich der Mineralien, Pflanzen und Tiere. Das hatte zur Folge, dass die Fallbereiche mit allen Lebensformen immer weniger von dem göttlichen Licht aufnehmen konnten, mit welchem die Urzentralsonne aus dem Zentrum des Seins unablässig die göttliche Schöpfung beatmet.

Mit unseren Worten könnte man vereinfacht sagen: Die göttliche Prägung der Ur-Liebe und Ur-Weisheit, aus der die gesamte göttliche Seins-Schöpfung hervorgegangen ist und über die alles Sein in ständiger Kommunikation mit dem Zentralgestirn, der Urzentralsonne, steht, wurde in den Fallbereichen durch den dämonischen Zahlencode so verändert, dass dieser Prozess mit der zunehmenden Energiearmut die Verschattung, Verdichtung und Begrenzung zur Folge hatte.

Der gesamte Fall ist nichts anderes als die Schaffung des Zahlencodes, und im Bereich des Falls unterliegt alles, aber auch alles, was unter dem Einfluss seines

Zahlencodes entstanden ist, dem Zahlencode des Widersachers Gottes, von den gegensätzlichen dämonischen Energien über die verdichteten Gestirne bis hin zum materiellen Kosmos und allen materiellen Formen, einschließlich des menschlichen Körpers.

Was diesem Zahlencode unterliegt, kann nicht mit dem alles verbindenden Potential des göttlichen, reingeistigen Schöpfungsprinzips kommunizieren, weil der Code – gemäß seinem Ziel der Trennung – Aspekte des universalen göttlichen Seins ausschließt und somit nicht mehr im Gleichklang des göttlichen Einheitsgesetzes der universalen Liebe schwingt. Und der Impulsgeber des Seins ist immer die Liebe. In den Bereichen, die sich aufgrund dieses Codes gebildet haben, ist demnach nur noch ein Austausch zwischen gleich codierten und damit gleichschwingenden Bereichen und Wesen über ihre gleichartigen Programme innerhalb der Programmwelt des Zahlencodes möglich.

Der Zahlencode ist die Summe der gleichgeschalteten Menschen, Tiere und Pflanzen. Er ist ein Netzwerk, ein begrenztes kommunikatives System, begrenzt auf all das, was der Widersacher unter den Einfluss seiner negativen

Kräfte gestellt hat. Dieses Netzwerk des Zahlencodes reicht heute, bildhaft gesprochen, von unten gesehen von der Welt und dem materiellen Universum, noch bis in die vierte der sieben ehemaligen Fallebenen hinein, deren unterste vier Ebenen nach dem „Vollbracht" des Christus Gottes auf Golgatha zu den sogenannten Reinigungsebenen wurden.

Das alles hat sich über unvorstellbare Zeiten von Zeiten vollzogen. Wie bereits erwähnt, ist die genaue Beschreibung dieser kosmischen Ereignisse mit menschlichen Worten gar nicht möglich, weil sich das siebendimensionale Geschehen der Vorstellungskraft unseres dreidimensionalen Gehirns nicht erschließt. Darauf weisen die hohen Geistwesen aus dem Reich Gottes, die in unserer Zeit durch die Lehrprophetin Gottes, Gabriele, zu den Menschen sprechen, immer wieder hin, allen voran Christus, der Sohn Gottes und Erlöser aller Seelen und aller abtrünnigen Menschen, und der Cherub der göttlichen Weisheit, der Gesetzesfürst vor Gottes Thron.

Auf der tiefsten Stufe der dämonischen Codierung entstand der materielle Kosmos mit der Erde und schließlich der Mensch, die Hülle, ebenfalls eine manifestierte Auswirkung des dämonischen Zahlencodes.

Durch das göttliche Offenbarungswort heute wissen wir, dass die Seelen, die sich unter dem Einfluss des Zahlencodes einmal oder mehrmals in eine menschliche Hülle einverleiben, die Steuerung durch den Zahlencode abschwächen und überwinden können, wenn sie gegen diese Steuerung aufbegehren und auf dem Weg der Selbsterkenntnis ein Leben nach den Geboten Gottes anstreben, denn der Freie Geist, Gott, steht auch über diesem Zahlencode. Sie können andererseits den Einfluss des Codes verstärken, wenn sie sich den negativen Vorgaben des dämonischen Codes unterwerfen und sich dadurch weiter als Energielieferanten für den dämonischen Transfer missbrauchen lassen.

Der Freie Geist, Gott, lässt Seinen Kindern den freien Willen. Es liegt an jedem Einzelnen, wie er sich entscheidet. Das Besondere an unserer Zeit ist, dass heute alles, was dem Einzelnen hilft, die richtige Entscheidung zu treffen, offenbar ist. Weil das Reich Gottes in unserer Zeit die ganze Wahrheit offenbaren konnte durch den Christus Gottes und die göttliche Weisheit im Wirken der Gottesprophetin Gabriele, sind heute auch das Treiben des Widersachers, sein dämonisches System Baal und seine Helfershelfer in vollem Umfang aufgedeckt, auch die Wirkungsweise seines dämonischen Zahlencodes. Mit dem *Zelt Gottes unter den Menschen, der Bundeslade des Freien Geistes,* ist das Heiligtum des Reiches Gottes mit der ganzen Wahrheit aus dem Reich Gottes auf der Erde gegenwärtig.

Menschen aller Kulturen können frei dorthin kommen und frei lesen und hören. Und alle Menschen, die sich von der dämonischen Steuerung befreien wollen, die heraus wollen aus dem System des Zahlencodes, finden dort Hilfe und Führung.

Das Wirken des Reiches Gottes, um Seine Söhne und Töchter heimzuholen

Dass der Mensch die Wahl hat, sich von der dämonischen Codierung zu befreien und deren Steuerung zu überwinden, darüber haben die Boten aus dem Reich Gottes zu allen Zeiten die gefallenen Kinder Gottes aufgeklärt, so auch Jesus, der Christus, und alle Gottespropheten von Abraham bis Gabriele. Sie haben in früheren Zeiten nicht das Wort Zahlencode verwandt, sondern die Zusammenhänge mit den Worten erklärt, die die Menschen der jeweiligen Zeit verstehen konnten, vielfach anhand von Bildern und Gleichnissen. Heute erfahren wir durch Christus und die göttliche Weisheit viele weitere Einzelheiten mit den Worten und Begriffen unserer Zeit, darunter auch in den Begriffen unserer technisierten Welt. Wie gesagt, die im Folgenden erwähnten Schriften und Tonträger stehen alle in der *Bundeslade des Freien Geistes* zum Lesen und Hören.

Schon 1986 erklärt Christus in Seiner Offenbarung *Ursache und Entstehung aller Krankheiten*, nachzulesen in dem Buch ***Worte des Lebens für die Gesundheit von Seele und Körper***, das uns später wieder begegnen wird, wie das Reich Gottes durch die Boten Gottes auf das jeweilige Bewusstsein der Menschen eingeht, um diesen die ewigen Gesetze und geistigen Zusammenhänge zu offenbaren. Christus spricht dort:

„In dieser Welt leben alle Bewusstseinsgrade eng nebeneinander oder sogar miteinander. Dadurch bestehen sehr viele Frequenzbereiche ganz unterschiedlicher Art. Jede Schwingung versucht, mehr oder weniger stark auf die andere einzuwirken, je nach Schwingungsgrad und Intensität. Gleichschwingende höhere Kräfte verstärken und befruchten sich gegenseitig. Ungleiche und niedere Schwingungen werden von den höheren Schwingungen nicht angenommen. Das universelle Gesetz besagt:
Gleiches zieht sich an, Ungleiches stößt sich ab.

Weil in dieser Welt die Bewusstseinsgrade sehr unterschiedlich sind, ist auch das Verständnis für die ewige Wahrheit unterschiedlich. Deshalb kann aus dem Geiste Gottes nur so viel offenbart werden, wie der Mensch in der Zeitepoche, in der das geistige Gut gegeben wird, verstehen kann. Mein Wort ist nur wegweisend, und die Darlegungen in Meinen Offenbarungen sind nur dem verständlich, der sich in das Wort vertiefen kann.

In dieser Zeitepoche der Technik kann Ich Meinen Menschenkindern wesentlich mehr offenbaren als in zurückliegenden Zeiten. Der mit der Technik vertraute Mensch weiß um das Gesetz der Anziehung und des Abstoßens. Er arbeitet mit Schwingungen, mit Frequenzen. Er weiß um die unterschiedlichen Lichtintensitäten und deren Wirksamkeit. Er hat Einblicke in den atomaren Aufbau und weiß um die Schwerkraft.

Auf Grund all dieses Wissens kann auch Ich, der Geist, den Menschen tiefere Einblicke in die ewigen Gesetze der Unendlichkeit vermitteln – und auch in das Gesetz von Ursache und Wirkung. Denn der Mensch weiß, dass Farben, Formen und Töne Frequenzen, das heißt Schwingungen sind, dass alles schwingt und alles aufeinander einwirkt. Außerdem hat der Mensch neue Worte für seine Erkenntnisse geprägt, die Ich verwende, um Mich in der Welt und für die Meinen, für Meine Menschenkinder, ausdrücken zu können, denn Gott hat nicht Worte. Deshalb bedarf es der Instrumente."

Aus diesen Worten wird verständlich, warum das Reich Gottes so viele Offenbarungen, Schulungen, meditative Betrachtungen und andere Hilfen gibt. Jeder kann dadurch seinem Bewusstseinsgrad entsprechend vom Wort Gottes berührt werden. Für denjenigen, der durch Selbsterkenntnis und Selbstschulung zur Bewusstseinserweiterung gelangen möchte, bedeutet dies: Jeder kann von dem Buch, dem Tonträger, von der Schwingung angezogen werden, deren Inhalt für ihn in dem Augenblick wichtig ist, sei es eine Mahnung oder eine weiterführende Hilfe.

Die Bedeutung des zweiten Aspektes, der der Technik, kommt zum Beispiel darin zum Ausdruck, dass das Wort „Zahlencode" als eine Art programmatischer Steuerung erst in den letzten Jahren durch die Verbreitung der Digitalisierung und die Entwicklung der sogenannten virtuellen Realität im Bewusstsein der Menschen eine Vorstellung hervorruft, die eine Ahnung von den kosmischen Zusammenhängen vermitteln kann, die uns heute mit dem Wort „Zahlencode" nahegebracht werden.

Die Verwendung des Wortes „Zahlencode" zeigt im Übrigen auch, wie sich selbst im Verlauf weniger Jahrzehnte unser Sprachgebrauch entwickelt und verändert. Vor 40 Jahren, als das Wort Gottes erneut durch Prophetenmund zu den Menschen kam, war dieser Begriff im allgemeinen Sprachgebrauch noch nicht üblich. In den göttlichen Offenbarungen wurde damals das Bild der Verschattung oder Umhüllung des göttlichen Wesenskerns gewählt, um auszudrücken, wie der unbelastbare göttliche Wesenskern der Seele durch den dämonischen Zahlencode und die darauf beruhenden negativen Eingaben des Einzelnen überlagert und verschattet und Mensch und Seele auf diese Weise gesteuert werden können.

Heute kann sich nahezu jeder unter dem Begriff „Zahlencode" etwas vorstellen, auch wenn er die Funktionsweise nicht genau kennt. Wir kennen zum Beispiel den sogenannten „genetischen Code" als eine Vorgabe, einen Schlüssel, nach dem sich alles uns bekannte Leben auf der Erde aus wenigen Grundbausteinen zusammensetzt. Der dämonische Zahlencode ist der Schlüssel, nach dem alle Vorgänge im dämonischen Einflussbereich ablaufen, nach dem sich auch der genetische Code gebildet hat. Der Zahlencode ist das dämonische Gesetz, dem alles und alle in seinem Bereich unterliegen, nach dem alles und alle in seinem Bereich funktionieren. Zu diesem Bereich gehört alles, was aus dem Fall hervorgegangen ist, auch der materielle Kosmos und diese Welt mit allem, was in ihr lebt.

Besonders wer über detaillierteres naturwissenschaftliches Wissen und Teilkenntnisse aus der Quantenphysik verfügt, findet in der Christusoffenbarung *Ursache und Entstehung aller Krankheiten* weitere Aufklärungen, in denen Christus das Wirken der göttlichen Geistkraft in allem Leben anhand von Beispielen aus dem Bereich der Quantenphysik erläutert.

Man kann davon ausgehen, dass für Menschen kommender Zeiten diese heutigen Begriffe einen anderen, vielfach umfassenderen Bedeutungsgehalt haben werden. Doch das ist nicht entscheidend. Es kommt – wie bereits dargelegt – in allem, was wir lesen und hören, was wir fühlen, denken und reden, nicht auf das Wort oder den Begriff als solchen an. Das Wort ist nur die Schale, die den Inhalt trägt; auf den Inhalt und das, was er uns sagen kann, kommt es an.

Unserem Ursprung nach sind wir, wie gesagt, Söhne und Töchter Gottes; in uns, in unserer Seele, ist der ewig unbelastbare Wesenskern, es ist das Göttliche in uns. Doch wenn wir uns im Bereich des Widersachers bewegen, unterliegen wir seinem Zahlencode. Wir sind ständig diesem Code ausgeliefert, solange wir diesen Code nicht überwinden, indem wir mit der Hilfe des Christus

Gottes wieder Schritt für Schritt das Reich Gottes, Sein göttliches Gesetz des Lebens in uns erschließen. Dass die Gottespropheten aller Zeiten die Menschen dazu aufriefen, sich von diesem Zahlencode zu befreien, indem sie lehrten, ein Leben nach den Gesetzen Gottes zu führen, haben wir schon gehört. Von Jesus von Nazareth wissen wir zum Beispiel, dass Er nicht nur die Gebote Gottes lehrte und sie in Seiner Friedens- und Freiheitslehre vertiefte, deren Essenz bis heute in Seiner Bergpredigt überliefert ist. Er lebte sie auch selbst vor und forderte die Menschen mit den bereits erwähnten Worten *„Folget Mir nach"* auf, es Ihm gleichzutun. Und ganz deutlich sind auch Seine überlieferten sinngemäßen Worte: *„Wer diese Meine Lehre hört und sie tut, der ist ein kluger Mann, der sein Haus nicht auf Sand gebaut hat."*

Das ist die Aufforderung zum aktiven Glauben, es geht um das Tun, um die Tat. Mit dem Wissen um den Zahlencode kann man auch sagen, es ist der Ruf, aktiv den Weg anzutreten, heraus aus den Fesseln des dämonischen Codes. Das geht nicht mit schönen Worten oder Bekenntnissen. Egal, welche Bekenntnisse wir auf den Lippen führen oder mit welchen Worten wir uns selbst oder anderen etwas vormachen, der Zahlencode hält uns so lange gefangen, bis wir unser verschattetes

Bewusstsein erweitern und mehr und mehr wieder Zugang zum göttlichen Licht im Wesenskern unserer Seele finden, indem wir in unserem ganzen Leben konsequent die Gebote Gottes und die Lehre der Gottes- und Nächstenliebe des Jesus, des Christus, befolgen.

Der Widersacher Gottes wollte und will dies mit allen Mitteln verhindern. Seine Helfershelfer in dieser Welt sind die Priester der Kulte und Religionen aller Zeiten, die ihre Opfer vom Säuglingsalter an in die Irre führen, indoktrinieren, einschüchtern und unterdrücken. Mit einer furchteinflößenden Dogmatik halten sie bei ihren Opfern lebenslang die Angst aufrecht vor einem strafenden Rachegott nach dem Vorbild des heidnischen Götzen Baal, der seine eigenen Kinder in die Hölle und in das ewige Feuer verdammt. Jede Regung des Gewissens bei ihren Hörigen, jeder Versuch, die eigene Vernunft walten zu lassen, jede Hinwendung zu Gott in uns soll dadurch im Keim erstickt werden.

Deshalb waren und sind der Widersacher Gottes und seine Helfershelfer so gegen den Freien Geist, Gott, den ewigen Vater der Liebe, gegen die Zehn Gebote Gottes und gegen die Bergpredigt des Jesus von Nazareth, deshalb gingen und gehen sie so brutal gegen alle Menschen vor, die sich dem Netzwerk des baalistischen Zahlencodes entgegenstellen. Vor Jesus von Nazareth wurden die Gottespropheten und viele erleuchtete Männer und Frauen von den Priestern des Widersachers, der damals verbreitet unter dem Namen „Gott" Baal bekannt war, und anderer heidnischer Götzenkulte verfolgt, gefoltert und ermordet. Seit Jesus von Nazareth haben sich baalistische Konglomerate das Mäntelchen „christlich" umgehängt und verfolgen mit unverminderter Grausamkeit die Boten Gottes und die vielen christlichen Gruppierungen wie die Bogomilen und die Katharer und die vielen anderen und bis heute alle, die sich ernsthaft um die Nachfolge des Jesus des Christus bemühten.

Das Wort Gottes, die Wahrheit aus den Himmeln, konnte der Widersacher aber nie ganz auslöschen. Das Wort des Ewigen ging zum Ewigen zurück und ist mächtig wiedergekommen in unserer Zeit durch die Gottesprophetin Gabriele – den Seraph der göttlichen Weisheit –, die heute als Mensch in der Einheit mit ihrem Geistdual, dem Cherub Seiner ewigen Weisheit, die Wortträgerin des All-Einen Gottes ist, Seines Wortes, das Er, der Ewige, durch alle Gottespropheten und Gottesprophetinnen gegeben hat und gibt, in den Zeiten vor Abraham und von Abraham bis Gabriele.

Der Geist der Wahrheit ist wiedergekommen und führt in die ganze Wahrheit

Was wir heute erleben, ist die Erfüllung der Verheißung des Christus Gottes in Jesus von Nazareth: *„Heute könnt ihr vieles noch nicht tragen, also erfassen, doch wenn der Geist der Wahrheit kommt, wird Er euch in alle Wahrheit führen."*

Der Geist der Wahrheit ist der Christus Gottes, eins mit dem ewigen Vater, der Geist des Lebens, das mächtige, allumfassende allgegenwärtige Ich Bin. Alle Wahrheit in Ihm, dem Christus Gottes, ist durch die göttliche Weisheit auf die Erde gekommen. In Seinem epochalen Offenbarungswerk, ***Das ist Mein Wort, Alpha und Omega***, offenbart sich Christus, der Sohn Gottes und Mitregent des Reiches Gottes. Er klärt auf über Sein Leben als Jesus von Nazareth, über Sein Wirken im Werk der Erlösung und Heimholung im Verbund mit der göttlichen Weisheit in unserer Zeit und gibt einen Ausblick auf kommende Zeiten. Er bringt uns erneut das Reich Gottes und Sein Gesetz der Gottes- und Nächstenliebe und den Weg dorthin für alle Seelen und beseelten Menschen. Es ist das fundamentale Werk des Christus Gottes für unsere und für die kommende Zeit.

Die ganze Wahrheit aus dem Reich Gottes offenbart Christus im Offenbarungswort durch Gabriele im Absoluten Gesetz Gottes. Es ist niedergeschrieben in dem Buch: ***Die großen kosmischen Lehren des Jesus von Nazareth an Seine Apostel und Jünger, die es fassen konnten.***

Wie der Titel des Buches sagt, sind es die höchsten Lehren aus dem Reich Gottes, Sein ewiges kosmisches Gesetz, soweit es in menschlichen Worten ausgedrückt werden kann. Als Jesus von Nazareth konnte Christus die Absolutheit des vollkommenen göttlichen Gesetzes nur wenige Seiner Jünger lehren, weil nur wenige von ihnen es fassen konnten. Jesus von Nazareth hatte nur rund drei Jahre Zeit, die Menschen zu lehren, ehe Er von der durch die Priestergilde aufgehetzten Staatsmacht ermordet wurde, nicht zuletzt, weil Ihn Seine Mitmenschen im Stich gelassen hatten. In unserer Zeit konnte Christus durch die Liebetat und das aufopferungsvolle Wirken der göttlichen Weisheit in über vier Jahrzehnten im Dienste des Ewigen die ganze Wahrheit und damit auch das Absolute Gesetz Gottes auf die Erde bringen.

Gabriele hat die göttliche Offenbarung des Absoluten Gesetzes Gottes für uns Menschen aus ihrem erschlossenen Bewusstsein in vielen Facetten erläutert. Sie führt in dieses kosmische Werk ein, unter anderem mit den Worten:

„Wir leben in einer mächtigen Umbruchszeit. Der Geist Gottes gießt Sein Füllhorn aus. Wir empfangen den Inneren Weg von der Stufe der Ordnung bis zur Stufe des göttlichen Ernstes. Wir empfangen darüber hinaus das Absolute Gesetz, die großen kosmischen Lehren des Jesus von Nazareth, und dürfen so in unser geistiges Erbe eintauchen. Wir dürfen hineinspüren in das Leben tief in unserer Seele, das unsere Heimat ist, und so erfahren, wer wir in Wahrheit sind.

Ein Schatz aus den Himmeln ist uns gegeben. Sind wir bereit, den Schatz zu empfangen, dann werden wir ihn auch heben; denn der Schatz ist Gott, und Gott, das Leben, ist in uns.

Wollen wir Gott näherkommen, dann müssen wir die göttlichen Gesetze wieder erlernen und anwenden; sonst können wir uns nicht mit dem großen Geist, Gott, dem Ewigen, Absoluten, einen.

Wir beten zu Gott, unserem Vater. Wir hören von Gott, unserem Vater, von Christus, unserem Erlöser, und von den Geistwesen der Himmel. Für so manchen ist Gott nur ein Wort, etwas Abstraktes – er fühlt sich noch fern von Ihm. Warum fühlen sich viele von uns noch fern von Gott? Weil wir uns noch nicht bewusst gemacht haben, was Gott, der All-Eine, uns geschenkt hat. Er schenkte uns die Unsterblichkeit, weil Er unsterblich ist. Er schenkte uns jede kosmische Strahlung, weil wir Seine Erben sind. Er schenkte sich uns ganz.

Wer ist Gott?

Gott ist Geist, Kraft, strömendes Leben. Gott ist das Licht, das uns durchdringt. Gott gab sich selbst die geistige Form: der ewige Vater. Er ist ein Geistwesen, wie auch wir im reinen Sein Geistwesen sind. Er jedoch ist in Seiner Strahlung unübertroffen. Gott ist also fließende Energie. Der ewige Vater hingegen ist ein Wesen, so, wie auch wir im göttlichen Sein göttliche Wesen sind.

Erst dann, wenn wir wieder von jeder kosmischen Strahlung gänzlich durchstrahlt sind, leben wir als Tropfen im Ozean Gott und sind wieder eins mit Gott, unserem Vater, und Seine Ebenbilder."

Gabriele weist darauf hin, dass wir die Gesetze Gottes erst wieder erlernen und anwenden müssen, um den Schatz aus den Himmeln wieder zu heben. Um dieses

Lernen und Anwenden geht es auch in der *Bundeslade des Freien Geistes*. Die Fülle und die Tiefe dieses göttlichen Werkes über das Absolute Gesetz erschließt sich dem Leser in dem Maße, in dem er sein eigenes Bewusstsein erweitert und sich dadurch den Zugang zum Göttlichen in seinem Inneren wieder erschließt, zum göttlichen Wesenskern der innewohnenden Seele, zu Gott in uns.

Wenn man sich bewusst macht, dass jeder von uns dem dämonischen Zahlencode in der eigenen individuellen Ausformung unterliegt, dem Persönlichkeitsgesetz, das sich jeder möglicherweise über Zeiten von Zeiten selbst geschaffen hat, dann kann man sich vorstellen, dass sich dieser Weg der Bewusstseinserweiterung heraus aus der Steuerung des Zahlencodes nicht von alleine vollzieht.

Doch niemand muss diesen Weg alleine gehen, denn Christus ist immer an unserer Seite mit der Kraft Seines erlösenden Lichtes. Und im Christus-Gottes-Werk der Erlösung und Heimholung aller abtrünnigen Kinder Gottes hat die göttliche Weisheit durch Gabriele auf rund eintausend Seiten das umfassendste Lehr- und Schulungswerk geschaffen mit dem Titel ***Der Innere Weg zum kosmischen Bewusstsein***. Dieses epochale Lehrbuch weist jedem Willigen in allen Details den Weg aus der dämonischen Codierung, heraus aus dem baalistischen Sumpf dieser Welt, Schritt für Schritt zur Bewusstseinserweiterung und hin zu seiner wahren Herkunft aus Gott. Der Cherub der göttlichen Weisheit führt den Schüler von der Bewusstseinsstufe der Ordnung über die Stufen des Willens und der Weisheit bis zur Stufe des Ernstes. Gabriele, der Seraph der göttlichen Weisheit, erläutert und vertieft den Schulungsstoff aus ihrem erschlossenen Bewusstsein und ihrem in vielen Vorinkarnationen erworbenen und durchlittenen Erfahrungspotential als Lehrprophetin Gottes. Der Schüler wird so behutsam und einfühlsam Schritt für Schritt mit vielen Beispielen und Übungen angeleitet und geführt. Immer aber wird der freie Wille des Schülers gewahrt – er wird aufgeklärt und geschult, aber er ist und bleibt frei, den Wegweisungen aus dem Reich Gottes zu folgen oder sich anders zu entscheiden.

Durch diese kosmischen Offenbarungen und ihre Erläuterungen und durch unzählige weitere Offenbarungen und schriftliche Werke hat Christus durch Gabriele die ganze Wahrheit aus dem Reich Gottes auf die Erde gebracht und mit der göttlichen Weisheit für alle Kinder

Gottes den Weg zurück in die göttliche Heimat geebnet und gesichert. Gleichzeitig sind durch die göttliche Weisheit alle über die Jahrtausende verbreiteten Unwahrheiten über das Wort Gottes und Seine Boten richtiggestellt worden. Sein Wort, Seine Gottespropheten und besonders der Name des Christus Gottes sind dadurch rehabilitiert worden, die von der Priestergilde aller Zeiten bis heute so schamlos verleumdet und missbraucht werden.

Schon vor der Veröffentlichung dieser drei beschriebenen großen Werke und auch danach hat sich das Reich Gottes in Tausenden von Stunden von Offenbarungen und Schulungen durch Gabriele offenbart. Gott-Vater, Sein Sohn Christus und der Cherub der göttlichen Weisheit haben immer wieder zu den Menschen gesprochen, oft mehrmals wöchentlich. Diese Offenbarungen, Perlen aus dem Reich Gottes, sind auf Tonträgern bewahrt. Sie wurden und werden niedergeschrieben in Zehntausenden von Seiten in den großen blauen Bänden *Die Biographie des Christus-Gottes-Werkes* – ab dem Ende der 1970er Jahre –, zu lesen in der *Bundeslade des Freien Geistes im Zelt Gottes unter den Menschen mit der Sophia Bibliothek*.

Das messianische, sophianische Zeitalter – der Freie Geist, Gott in uns, bedeutet das Ende für das System Baal

Als mit der Offenbarung des Absoluten Gesetzes Gottes der Liebe und Weisheit durch die göttliche Weisheit die ganze Wahrheit aus dem Reich Gottes auf die Erde gekommen war, war der Weg zurück in die ewige Heimat des Reiches Gottes eröffnet und in allen Facetten gelehrt und geschult. Damit konnte das Reich Gottes durch Gabriele auch die vollkommene Entlarvung des dämonischen Systems Baal vollziehen. Schritt für Schritt wurde seither über das System Baal aufgeklärt, über seine Methoden und die seiner „Götter" und seiner Helfershelfer auf dieser Erde. Und schließlich erfolgt heute die Aufklärung über die Wirkung seines dämonischen Zahlencodes, über sein dämonisches Gesetz. Immer ist mit der Aufklärung verbunden die Hilfe und die Anleitung durch Christus und die göttliche Weisheit, um den Zahlencode entschlüsseln zu können, um sich aus den Fesseln des dämonischen Gesetzes zu lösen.

Damit ist das Ende von „Gott" Baal angesagt und gleichzeitig die Wende zum messianischen, sophianischen Zeitalter eingeleitet. Gott, der Ewige, selbst hat im Jahr 2016 dieses neue Zeitalter verkündet. In Seinem mächtigen Schöpferwort offenbarte Er die kosmische Dimension des Wirkens der Gottesprophetin Gabriele, als Er ihr, Seiner Tochter, dem Seraph der göttlichen Weisheit – Sophia –, eine Lilie als Symbol der Reinheit und Liebe reichte und sprach:

„Ich Bin, Der Ich Bin, von Ur-Beginn. Sie ist, die sie ist, von Mir von Ur-Beginn. Vor dem Schöpfungsakt war sie als Mein Wunschbild und Wille in Mir, und Ich schuf sie als Mein Ebenbild.

Mein Ebenbild, die Ur-Weisheit, die göttliche Weisheit, sandte Ich zu den Menschen. Sie wurde Mensch, war Mensch und ist noch Mensch unter den Menschen, Mein ur-ewiges Wunschbild.

Ich war das Wort durch sie. Ich Bin das Wort durch sie. Ich Bin in ihrer Seele das Ur-Sein, die Lilie, die sie allen Menschen ins Herz legt, die den Weg der Reinheit und Liebe gehen, den messianischen Weg im sophianischen Zeitalter."

Diese göttliche Offenbarung und auch die weiteren im Folgenden erwähnten Offenbarungsworte sind zu hören auf Tonträgern in der *Bundeslade des Freien Geistes.*

Als sichtbares Manifest für das Neue Zeitalter mit dem Aufbau Neu Jerusalem ist das Heiligtum aus dem Reich Gottes auf diese Erde gekommen in der schon mehrfach erwähnten *Bundeslade des Freien Geistes, im Zelt Gottes unter den Menschen für alle Völker dieser Erde mit der Sophia Bibliothek*. Dieses Bauwerk, dieses Monument ist die Herberge für Sein Ewiges Wort, für die ganze Wahrheit aus dem Reich Gottes, für diese und für kommende Zeiten. Das Monument steht auch als Mahnmal für alle Gottesprophetinnen und Gottespropheten, für alle gerechten Männer und Frauen, gegen das dämonische Prinzip der Ausrottung all jener, die dem Treueschwur des dämonischen Systems nicht Folge leisteten und sich nicht als Code-Nummer einreihten. Und es steht für den kosmischen Marsch, den Marsch der hohen Geistwesen aus den Himmeln gegen das System Baal, dessen Beginn der Cherub der göttlichen Weisheit im Jahr 2017 offenbart hat.

In zwei mächtigen göttlichen Offenbarungen aus den Jahren 2017 und 2018, aufgezeichnet als ***Der Marsch über das messianische und sophianische Zeitalter hinaus*** und ***Der Marsch, der Ruf der sieben Cherubim und der Seraphim***, erhebt der Cherub, der Gesetzesträger der göttlichen Weisheit, die Stimme für die sieben Gesetzesträger vor Gottes Thron, die Fürsten aus dem Zentrum des Seins, die über die Jahrtausende als Gottespropheten auf der Erde den Menschen Sein Wort verkündeten, die Botschaft der Liebe Gottes, der Freiheit und des Friedens.

Der Fürst der göttlichen Weisheit spricht mit Vollmacht unumwunden über das Wirken der Gottespropheten und der erleuchteten Männer und Frauen und wie sie und das Wort Gottes von dem mörderischen „Gott" Baal über die Zeiten bekämpft wurden.

Ein Auszug ist hier wiedergegeben:

„Der kosmische Marsch richtet sich gegen »Gott« Baal und seine Gewaltverbrecher, gegen einen Mörder von Anfang der Zeit an. Die sieben Cherubim, die Gesetzesfürsten Gottes, mit ihren Seraphim – von denen der Seraph der göttlichen Weisheit derzeit in Gabriele einverleibt ist –, gehen in dem Marsch voraus.

Dem Marsch, der im Namen des Allerhöchsten von den sieben Cherubim eingeleitet wurde, schließen sich die Geistwesen der gottgesandten Propheten und Prophetinnen an, die Geistwesen aller gerechten Männer und Frauen, die vor und nach der Erdenzeit des Jesus von Nazareth von »Gott« Baal, seinen »Göttern« und seiner priesterlichen Gilde verfolgt, geächtet und auf grausame Weise hingerichtet wurden."

Der Marsch begleitet das Wirken der göttlichen Weisheit, durch die das dämonische Gestrüpp des „Gottes" Baal und seiner Priestergilde entlarvt und das Ende des Widersachers eingeleitet wurde. So spricht der Cherub der göttlichen Weisheit:

„Baal und seine »Herrlichkeit« ist im Vergehen. Trotz kühner Kunstgriffe, trotz Totenkult und Machtprozedere, trotz Diebstahl und Missbrauch des Namens des Christus und Seiner Erlösung – Baal und seinesgleichen legen sich selbst die Fesseln an.

Baal fällt, auch wenn er sich in seinem Blutrausch noch so viele Silberlinge einverleibt hat. Leider bezieht Baal seine Energien immer noch von den Menschen, die den baalistischen Hintergrund noch nicht kennen und noch an dem Treueschwur zu ihm festhalten, vielfach aus Angst und Sorge vor der ewigen Verdammnis, die ihnen ihre Glaubenskongregation vorgab und vorgibt."

Besonders eindringlich rufen die Gesetzesfürsten und Geistwesen aller in der Vergangenheit inkarnierten Boten Gottes die Seelen und beseelten Menschen zur Rückkehr in das Reich Gottes auf:

„Im Bewusstsein des Reiches Gottes, das Liebe, Freiheit und Schönheit ist, das weder Zwänge noch priesterliche Gewaltherrschaft kennt, rufen sie mit einer Stimme – und führen hin zum Christus Gottes, dem Erlöser aller Seelen und Menschen, denn Er ist der Weg, die Wahrheit und das Leben.

Sie rufen:
Kommt heraus aus dem Kerkerzwang baalistischer Strukturen, heraus aus Dunkelheit, Trübsal, Einengung und Angst vor einer ewigen Verdammnis. Kommt heraus, ihr noch Gebundenen an Religionszwänge, die gleich Freiheitsentzug sind. Kommt an das Licht des Ewigen Einen Gottes, der die Freiheit, Liebe und Treue ist.

Der Marsch beinhaltet unter anderem: Erkennt, erfasst und löst euch von jeglichem Religionszwang, denn das Reich Gottes, das Gesetz des Lebens, das der All-Eine Gott ist, ist die Gottes- und Nächstenliebe.“

Der Ruf der Geistwesen des Marsches wird immer eindringlicher, so wie auch Christus, der Erlöser aller Seelen und beseelten Menschen, in unseren Tagen immer mahnender durch Gabriele ruft:

„Menschen, hört auf den Rufer Christus in dieser lauten, dunklen Welt! Er, euer Erlöser, der Christus Gottes, will euch führen, heraus aus den dunklen Mauern, den Kerkern von Bindung und Zwang.

Erkennt und erfasst:
In Christus gibt es weder Priester noch Pfarrer noch Laienkulte, weder Weihrauch noch Gräberduft, weder Exzellenzen noch Eminenzen, weder Religionsführer noch weiteren weltlichen Wahn.
Gott ist gegenwärtig in jedem Menschen und in jeder Seele, denn Mensch und Seele sind der Tempel Gottes, und Gott, das ewige Licht, wohnt im beseelten Menschen und in jeder Seele.

Der Marsch kennt keinen Halt. Er erstreckt sich von Kontinent zu Kontinent, von Mensch zu Mensch, von Seele zu Seele. Hört den Ruf des Christus Gottes, und seid mit allen verbunden, die sich dem Marsch zuwenden."

Die Geistwesen des Marsches aus dem Reich Gottes, die einst selbst als Menschen inkarniert waren, wissen um das Leben in dieser Welt, und sie sehen auch den jetzigen Zustand dieser Welt, das drohende Verderben, in das „Gott“ Baal mit seiner Priestergilde die Welt geführt hat. Der Cherub der göttlichen Weisheit gibt in diesen beiden Offenbarungen tiefe Einblicke in die Zusammenhänge des Wirkens des Systems Baal. Er war einst als Gottesprophet Jesaja auf dieser Erde und erfüllt heute zusammen mit seinem Geistdual Gabriele im Erdenkleid das Wort Gottes, das er vor 2600 Jahren als Jesaja ausgesprochen hat:

„Denn wie der Regen und der Schnee vom Himmel fällt und nicht dorthin zurückkehrt, sondern die Erde tränkt und sie zum Keimen und Sprossen bringt, wie er dem Sämann Samen gibt und Brot zum Essen, so ist es auch mit dem Wort, das Meinen Mund verlässt: Es kehrt nicht leer zu Mir zurück, sondern bewirkt, was Ich will, und erreicht all das, wozu Ich es ausgesandt habe.“

Der letzte Akt des Schauspiels Baal wird weiter entlarvt

Die Entlarvung des Widersachers Gottes setzt sich in einer Reihe von göttlichen Offenbarungen und Dokumentationen seit dem Jahr 2016 fort, die unter dem Titel *Der letzte Akt* weltweit über Rundfunk- und Fernsehsender verbreitet werden.

Schon in der ersten dieser Offenbarungen aus dem Reich Gottes unter dem Titel ***Der letzte Akt eines menschlich dramatischen Schauspiels, das – so wie die Menschheit glaubt – nie zu Ende gehen würde*** erhob Gott, der Ewige, Seine Stimme machtvoll gegen „Gott" Baal und den Talarismus seiner Priestergilde aller Zeiten. Und der Cherub der göttlichen Weisheit klärte weiter auf über den Niedergang der materialistischen Welt auf der einen Seite und den Aufbau des Neu Jerusalem in einer lichteren Welt auf der anderen Seite, in die jetzt schon das Licht des Christus Gottes scheint, in der die Heimholung der Kinder Gottes angesagt ist. Und über das System Baal sprach er:

„Der Dämon wurde in die Welt gestürzt und tobt sich in dieser noch aus."

Nachdem in der TV-Sendung ***Der letzte Akt ist Fakt*** das Wüten des Systems Baal gegen die Boten Gottes und die Gottesprophetin Gabriele aufgezeigt worden war, folgten drei Sendungen unter dem Titel: ***Der letzte Akt – der zweite Strom***.

Mit dem „zweiten Strom" ist der Strom von unten, der Strom des Systems Baal gemeint. Die jetzt immer mehr aufgedeckten, im Laufe der Jahrtausende begangenen Grausamkeiten der Diener des Baal und seiner Hörigen führt zu der Frage, ob beseelte Menschen zu diesen unbeschreiblichen Brutalitäten gegenüber Menschen, aber besonders gegenüber den Tieren und der Natur fähig sein können und woher die vielen Milliarden von Menschen auf der Erde seit dem letzten Jahrhundert plötzlich kommen. Warum sollten plötzlich so viele Seelen aus den jenseitigen Bereichen auf die Erde zur Inkarnation drängen? Die Antwort auf diese Frage kann sich jeder selbst geben. Anhaltspunkte dafür lassen sich schon in den überlieferten Schriften in den Berichten über Jesus von Nazareth finden, der zu den Schriftgelehrten sagte: *„Ihr stammt von unten, ich stamme von oben; ihr seid von dieser Welt, Ich Bin nicht von dieser Welt"*, ebenso wie in der Offenbarung des Christus Gottes ***Das ist Mein Wort,***

Alpha und Omega aus dem Jahr 1989, in der Christus spricht: *„Es sind nicht alles Menschen, die die Gestalt von Menschen haben."*

Anhand vieler aktueller Beispiele wird auch aufgezeigt, wo überall die Nachfolger des Baal mit unbeseeltem Leben experimentieren, von der Massenqualzucht von Tieren bis zur Züchtung und genetischen Manipulation menschlicher Körper. Und es wird daran erinnert, dass sehr viele Menschen von sich selbst sagen, sie hätten keine Seele.

Die Schlussfolgerung drängt sich auf: Viele derer, die eine menschliche Gestalt haben, können keine beseelten Menschen sein. Die Masse dieser Unbeseelten sind Energielieferanten für das System Baal. Sie entspringen und unterliegen unmittelbar seinem Zahlencode. Der Dämon braucht sie, um über ihre negativen Handlungen negative Energien zu generieren, nachdem er das Quantum Lichtäther, das ihm von Gott, dem Ewigen, mitgegeben worden war, nicht mehr für seine Zwecke umpolen kann, weil er es verbraucht hat. Und er glaubt, damit den Verfall seiner dämonischen Schöpfungsordnung, die die Welt immer mehr in Chaos und Verderben stürzt, aufhalten zu können.

Wie die dämonische Steuerung auch bei den beseelten Menschen wirkt, die dem dämonischen Zahlencode unterliegen, wird anhand von zahlreichen Beispielen aufgedeckt in einer weiteren TV-Sendung mit dem Titel: ***Der letzte Akt – Der zweite Strom? Teil 2: Prologe, Monologe und ihre Folgen***. Diese Sendung enthält die Aufklärung und detaillierte Beispiele und Hilfen des Cherubs der göttlichen Weisheit.

Es wird geschildert, wie sich aus einem einzigen gegensätzlichen Gefühl oder Gedanken nach und nach ganze negative Energiefelder aufbauen können – denn Gedanken sind Energien –, die mit ähnlichen oder gleichgelagerten Energien in Kommunikation treten und dann verstärkt auf uns einwirken und uns negativ steuern. Das erfolgt automatisch nach den Vorgaben des baalistischen Zahlencodes und führt zu weiterer Belastung und Verschattung des Menschen und schließlich auch der innewohnenden Seele.

Wer lernt, die Symptome der Beeinflussung zu erkennen, kann den Einwirkungen erfolgreich entgegenwirken. Dabei hilft jedem Christus in uns, und dazu ist uns der Innere Weg gegeben mit den vielen Hilfen und Übungen, die uns Schritt für Schritt zu den Erkenntnissen führen, die wir uns erarbeiten auf dem Weg der Bewusstseinserweiterung hin zum kosmischen Bewusstsein.

Die erwähnten TV-Sendungen können auch in der *Bundeslade des Freien Geistes* angeschaut werden. Hier ist wieder der Hinweis angebracht: Wenn Sie aufgrund der Aufklärungen beginnen, Ihre Prologe und Monologe zu analysieren, halten Sie sich nicht an Begriffen fest, an dem Wort, man kann auch sagen, nicht an der Oberfläche des Gedankens – der Inhalt, der sich dahinter verbirgt, ist entscheidend. Denn wenn wir das System unserer menschlichen Wünsche und Vorstellungen, die nichts anderes sind als unsere individuelle Codierung im System des dämonischen Zahlencodes, nicht in der Tiefe erkennen und durchbrechen, dann halten wir an diesem dämonischen System fest und bleiben in diesem System des Zahlencodes gefangen.

Der Schlüssel zur Befreiung, alles, was aus dem Reich Gottes gegeben ist, um den Zahlencode zu entschlüsseln, liegt im *Zelt Gottes unter den Menschen* und kann durch Selbstschulung und Selbsterkenntnis zur Bewusstseinserweiterung führen.

Von geistigem Wissen und Erkenntnis zur Selbstschulung

Das geistige Wissen ist die Basis; jeder aktive Schritt, den wir mit dem geistigen Wissen gehen, das wir aus dem Reich Gottes erfahren, verändert unser Bewusstsein und unser Leben. Mit jedem Schritt werden wir uns mehr von der Enge eines Kirchenglaubens oder anderer religiöser und ideologischer Theorien lösen, von dem Religionszwang, der ein wesentlicher Aspekt des Zahlencodes ist. Wir werden auch offen, wieder auf unser Herz und unsere Vernunft zu hören und auch unserem Gewissen seinen gebührenden Stellenwert einzuräumen.

Die umfassenden Aufklärungen aus dem Reich Gottes über die Hintergründe und den dämonischen Zahlencode als Ursache für den Zustand dieser Welt führen zum Verständnis unseres eigenen Daseins, unserer Herkunft aus dem Reich Gottes, warum wir hier auf der Erde sind und wohin wir nach dem Leibestod gehen. Und alles vermittelt uns immer wieder die Einsicht, dass der Zustand dieser Welt nichts mit Gott, dem Ewigen, zu tun hat: Der Freie Geist, Gott, der Ewige, Gott in uns, steht über all dem. Er steht über allen Religionen, über allen

Glaubensanschauungen und Glaubensbekenntnissen, über jeder Ideologie und jeder Doktrin. Er steht über dem Zahlencode, der all dies hervorgebracht hat.

Mit dem Wissen um den nahen Gott der Liebe, um unsere wahre Herkunft aus dem Reich Gottes als Kinder eines liebenden Vater-Mutter-Gottes und als Erben der ganzen Unendlichkeit ergibt sich zwangsläufig für jeden irgendwann auch die Frage: Was kann ich tun, um wieder mein ursprüngliches wahres Wesen zu erschließen; was kann ich tun, um wieder in die Einheit des Seins zu gelangen, in das Reich Gottes, das auch meine Heimat ist?

Wie nirgendwo sonst auf dieser Erde befindet sich die Antwort auf diese Fragen im Wort Gottes, das der Ewige ausgesandt hat und das in unserer Zeit wieder gekommen ist, in dem Schulungs- und Lehrwerk im Christus-Gottes-Werk der Erlösung und Heimführung, in der *Bundeslade des Freien Geistes im Zelt Gottes unter den Menschen mit der Sophia Bibliothek*. Man könnte sie auch als die Geistige Universität der Göttlichen Weisheit bezeichnen. Es ist kein Zufall, dass gerade die göttliche Weisheit den wesentlichen Teil dieser Universität, dieser Schulung und Lehre gebracht hat. Der

Cherub, der Gesetzesfürst der göttlichen Weisheit, ist der verantwortliche Diener im Christus-Gottes-Werk – der Seraph der göttlichen Weisheit, Gabriele, ist die Lehrprophetin Gottes in dieser Welt. Die göttliche Weisheit, insbesondere der Seraph, ist diejenige göttliche Wesenheit, die auch im Reich Gottes nicht nur wesentlich an der Schöpfung und Schaffung der gesamten Schöpfungsordnung mit dem Kindervolk Gottes beteiligt war, sondern die dort auch die Entwicklung und Schulung aller heranreifenden Kinder Gottes in den sogenannten Entwicklungsebenen begleitet.

Da ist es nicht verwunderlich, dass die Aufklärung und Schulung über die Wahrheit aus dem Reich Gottes durch das Fürstenpaar der göttlichen Weisheit in die Welt gekommen ist. Diese umfassende Aufklärung ist in unserer Zeit der ungeheuren Informationsfülle auch deshalb so wichtig, weil dadurch offenbar wird, wie sehr weltweit die Wahrheit über das Reich Gottes, über das ewige Gesetz der Gottes- und Nächstenliebe, des Friedens und der Freiheit, seit Ur-Zeiten unterdrückt und verfälscht wurde durch die jeweils herrschende Priestergilde. Und wie sehr auch wir durch unsere gesamte sogenannte abendländische Tradition und Vorstellungswelt geprägt sind, die ein Produkt dieser Priestergilde ist, der Talargilde des „Vaters von unten", des „Gottes" Baal, den Jesus von Nazareth als Mörder und Lügner bezeichnet hat, was sogar in den Kirchenbibeln heute noch nachzulesen ist. Wer sich aufgrund dieser Erkenntnis aufmacht, dem Freien Geist, Gott in uns, mit Hilfe des Christus Gottes nachzufolgen, der ist für jede Schulung und konkrete Hilfe dankbar, aber auch für jede Information, die dazu beiträgt, die bisherige intensive falsche Prägung zu erkennen, und für jede Anleitung und Hilfe, um das in die Tat umzusetzen, was man dagegen als richtig erkannt hat.

Ohne geistige Schulung und Hilfen erkennt man vielfach gar nicht mehr, was falsch und was richtig ist, vor allem nicht, was dem Willen Gottes entspricht, weil man das Geschehen um sich herum, aber auch sich selbst gar nicht hinterfragt und deshalb das als normal und selbstverständlich ansieht, was man kennt und schon immer so gewohnt ist. Es sind die Denk- und Verhaltensweisen, die der Mensch übernommen hat und mit denen er im Verlauf eines langen Lebens oder gar mehrerer Inkarnationen selbst mit dazu beigetragen hat, sich den Fesseln des baalistischen Zahlencodes in seiner ganz persönlichen Ausprägung zu unterwerfen.

Die Diener des Baal im Priestergewand sehen ihre Bestimmung darin und tragen das Ihre dazu bei, die Menschen in Unfreiheit zu halten, indem sie die Menschen mit Lüge, Drohung, Gewalt und Zwang zu ihren Hörigen machen. So kommt es, dass Millionen von Menschen beispielsweise klerikale Irrlehren unter dem Deckmantel „christlich" widerspruchslos hinnehmen, entweder aus Ignoranz oder aus Angst, obwohl sie den Zehn Geboten Gottes durch Mose und der Bergpredigt des Jesus von Nazareth offenkundig diametral widersprechen, wie zum Beispiel dem Gebot: *„Du sollst nicht töten."*

Durch die lebenslange klerikale Indoktrination, durch ihre Beeinflussung erkennen viele Opfer des Baal gar nicht, dass sie dessen Opfer sind und dass sie wie Roboter von seinem Code gesteuert werden und sich ihm als willenlose Marionetten ausliefern. Niemand erklärt ihnen, dass sie in diesem Zustand nach dem Gesetz von Saat und Ernte Ursachen über Ursachen setzen, die in gleicher oder ähnlicher Weise wieder als Wirkung auf sie zukommen werden. Der Religionshörige glaubt, was an Ungutem auf ihn zukommt, sei von anderen verursacht oder gar von einem rachsüchtigen Gott gesandt. Er spricht dann vom „Geheimnis Gottes". Andere glauben an einen „Zufall" und leugnen wider jegliche Vernunft das Gesetz von Ursache und Wirkung, das sie sonst im täglichen Leben vorbehaltlos anerkennen. Sie reagieren mit Depression oder Wut, Zorn oder Gewalt gegen die vermeintliche „Ungerechtigkeit", die ihnen vermeintlich grundlos von anderen angetan wird. Damit reagieren sie genau so, wie es das dämonische Prinzip der Uneinigkeit, der Zwietracht und des Hasses möchte, um daraus immer wieder möglichst viele negative Energien für seine Zwecke zu generieren, mit denen es dann wieder auf weitere, gleich- oder ähnlich schwingende Menschen einwirken kann, um seine dämonischen Ziele zu erreichen.

Das ist das Prinzip des Systems Baal mit seinem Zahlencode, unter dessen Gesetz der Unfreiheit, des „Trenne, binde und herrsche", die religiösen Zwangssysteme unterschiedlichster Gewandung agieren.

Das Wort Gottes, Sein Ewiges Gesetz der Liebe dagegen ist die Freiheit. Jeder ist frei und bleibt frei, Gottes Wort zu hören und anzunehmen. Sein Gesetz der Freiheit gilt universell, auch in Bezug auf den unermesslichen, offenbarten Schatz aus den Himmeln, der in der *Bundeslade des Freien Geistes* zugänglich ist. Gottes

Gesetz der Freiheit gilt für jedes gesprochene Wort und jede niedergeschriebene Zeile, die der Suchende in der *Bundeslade des Freien Geistes* findet. Die Freiheit gilt für jedes Angebot, für jede Hilfe und für jeden Schritt, den er im Vertrauen auf Gott und Christus geht, um sein Bewusstsein zu erweitern.

Das Reich Gottes hat vorgesorgt, dass diese Freiheit auch in der kommenden Zeit im Christus-Gottes-Werk gewahrt bleibt; dass das Wort Gottes, wie es durch Seine Gottesprophetin Gabriele in die Welt gekommen ist, nicht von Menschen vereinnahmt wird, die sich mit Seinem Wort wichtig machen, sich über andere stellen und ihnen ihre eigenen Vorstellungen und Trugbilder vermitteln.

Christus und die Cherubim und Seraphim vor Gottes Thron haben dafür gesorgt, dass die Menschen nicht wie in früheren Zeiten wieder wortgewandten Intellektuellen und Meinungsbildnern und selbsternannten „Göttern" im Talar nachlaufen. Denn der Cherub der göttlichen Weisheit hat für die Bewahrung und den Umgang mit dem Ewigen Wort des Freien Geistes, Gott, unmissverständlich klargestellt:

„Der Wille Gottes, des Ewigen, und Seines Sohnes, des Christus Gottes, gilt für Gemeinschaften in Seinem Geiste, gegenwärtig und zukünftig, so lange, wie die Erde besteht: Keine Kirche aus Stein, keine äußere Religion, keine Priester, keine Pfarrer, einerlei, wie sie sich sonst noch bezeichnen und gewanden, auch keine religiösen Vorsteher und Vorbeter."

Dies offenbarte der Cherub der göttlichen Weisheit im Jahr 2017 in der eingangs erwähnten Offenbarung als den Willen Gottes und Seines Sohnes, des Christus Gottes, für die kommende Zeit. Diese Botschaft wurde und wird weltweit über alle Medien verbreitet, zusammen mit Erläuterungen von Gabriele, unter der Ankündigung: ***Das Ewige Wort – die freien Gemeinschaften im Zeichen der Lilie auf allen Kontinenten dieser Erde***.

Es sind wegweisende Worte über die Zukunft des Christus-Gottes-Werkes in der jetzt angebrochenen Neuen Zeit, im messianischen, sophianischen Zeitalter – Gott in uns. Sie klären auf über den großen Bogen vom Ewigen Sein des Reiches Gottes seit dem Beginn des Falls bis zur heutigen Zeitenwende, über den Kampf des Widersachers, des „Gottes" Baal und seiner Helfershelfer im Priestergewand gegen die Gottespropheten und

Christus, den Erlöser aller abtrünnigen Kinder Gottes, bis heute, da das Ende des baalistischen Regimes angesagt ist durch den Siegeszug des Freien Geistes in Christus im Christus-Gottes-Werk, in dem durch die göttliche Weisheit erneut die Weichen gestellt wurden. Dazu einige weitere Worte aus dieser Botschaft:

„Der Freie Geist, der sich weltweit offenbarende Christus-Gottes-Geist, gründet durch den Cherub Seiner Weisheit auf allen Kontinenten dieser Erde Gemeinschaften im Zeichen der Lilie, der Freiheit im messianischen, sophianischen Zeitalter.

Es ist der Wunsch und der Wille des Allerhöchsten und Seines Sohnes, Christus, dass sich auf der ganzen Erde Gemeinschaften bilden, in denen weder Pfarrer, Priester, noch Vorsteher und Lehrer das Sagen haben, wohlgemerkt: Gemeinschaften – keine Gemeinden.

Gott, der Ewige, in Seinem Sohn, Christus, lehrt von Abraham bis Gabriele das freie Gesetz der Gottes- und Nächstenliebe, dass jeder Mensch und jede Seele der Tempel der Gottes- und Nächstenliebe ist.

Auf allen Kontinenten dieser Erde ertönt mächtig der Himmelsruf des Christus Gottes durch Seine göttliche Weisheit.

Die neue Zeit ist geprägt von dem »Es werde« und dem Erscheinungslicht des geistigen Messias, der verkündet: »Ich, Christus, komme bald!«

Jesus von Nazareth hat Seine geistige Wiederkunft angesagt. Deshalb die »Neue Zeit«, das messianische, sophianische Zeitalter, die Erscheinung des geistigen Messias in dem »Es werde«, das die kosmischen Veränderungen einleitet.“

Der Cherub der göttlichen Weisheit weist auch auf die *Bundeslade des Freien Geistes*, das *Zelt Gottes unter den Menschen mit der Sophia Bibliothek* hin, welches er schon vorhergesagt hat, als er als Gottesprophet Jesaja auf dieser Erde wirkte, mit den Worten:

„Er stellt für die Völker ein Zeichen auf, um die Versprengten Israels wieder zu sammeln, um die Zerstreuten Judas zusammenzuführen von den vier Enden der Erde.“

Und der Fürst der Weisheit verkündet in unserer Zeit den Wunsch Gottes, des Ewigen, und Seines Sohnes Christus, der in allen Bereichen des Christus-Gottes-Werkes gilt:

„Es wirke ausschließlich der Freie Geist, Gott, in jedem beseelten Menschen, Gott in jeder Seele, in allem Sein.“

Hinweise Gabrieles zur Selbstschulung

Gabriele erläutert die Worte des Cherubs in weiteren Details. Sie gibt eine umfassende Anleitung, wie jeder in aller Freiheit und ohne jegliche Beeinflussung mit Christus den Weg des Christus Gottes gehen kann, wie er durch Selbstschulung zur Bewusstseinserweiterung finden kann. Gabrieles Worte können jedem Besucher Anleitung und Hilfe sein für den Aufenthalt in der *Bundeslade des Freien Geistes.* Die folgenden Auszüge sind den Worten Gabrieles entnommen:

„Wollen wir den Weg zum wahren Sein gehen und unser Bewusstsein erneuern und in Evolution bringen, dann können uns die Lehraussagen Gottes durch Moses und die Bergpredigt des Jesus von Nazareth eine große Stütze sein.

Wir können zum Beispiel unsere Denk- und Verhaltensweisen, unsere gedanklichen Prologe und Monologe, unseren Ärger, auch unser Verhalten gegen unseren Arbeitskollegen oder unsere Arbeitskollegin, gegen den Nachbarn, gegen Freunde usw. an den Zehn Geboten Gottes durch Moses und an der Bergpredigt des Jesus von Nazareth messen.

Lassen Sie sich vom Tag führen, denn der Tag hat für jeden von uns eine gewinnende oder eine mahnende Sprache. Wenn Sie wollen, lassen Sie sich in der Sophia Bibliothek von Ihrem Tag führen, von Buch zu Buch oder an die verschiedenen Inseln mit Ton und Bild, um zu hören, hören, schauen, schauen. Sie sind gefragt. Es begleitet Sie keine Aufsicht, kein Lehrer, niemand – Sie sind Ihr eigener Lehrmeister.

Auch Bücher des Lebens, zu Hause gelesen, können uns auf unserem Weg zum wahren Leben weiterhelfen, zu Gott in uns. Der Tag ist Ihr Freund und Berater, lassen Sie sich führen, auch zu den entsprechenden Sendezeiten in Rundfunk und Fernsehen, denn gerade über das Fernsehen ruft der Christus Gottes durch Sophia:

Kehrt heim in das ewige Vaterhaus! Kehrt ein in die himmlischen Wohnungen. Füllt eure Lampen mit Öl, lasst sie leuchten, denn der Bräutigam, der Christus Gottes, kommt."

Gabriele spricht weiter:

„Liebe Mitmenschen, es gibt keinen anderen Weg als den Weg des Christus Gottes, der die Wahrheit und das Leben ist. Wo suchen wir? Wo finden wir? Einzig in uns

selbst. Wir nutzen also den Tag. Wir lassen uns führen und wir empfangen für uns. Es geht also um unseren persönlichen Weg, hin zum Ewigen Sein. Alle Botschaften der Wahrheit, ob wir sie hören oder lesen, haben Inhalte für unseren Weg, den Inneren Weg, der zur Bewusstseinserweiterung, zur geistig-göttlichen Evolution führt.

Bedenken wir: Jeder Tag hat andere Nuancen in unserem Tagesablauf. Wenn wir im Buch diesen oder jenen Satz aufmerksam lesen, merken wir oftmals, dass uns der gleiche Satz gestern weniger oder gar nichts zu sagen hatte. Heute jedoch regt er unser Nervensystem an und hat eine Botschaft inne, für diesen unseren heutigen Tag."

Immer wieder hören wir aus dem Reich Gottes und von Gabriele selbst den Hinweis, dass dies alles ohne jeden Druck oder Zwang erfolgt, denn: Im gesamten Christus-Gottes-Werk gibt es keinen Zwang. Auch hier weist Gabriele nochmals darauf hin:

„Im weltweiten Christus-Gottes-Werk im messianischen, sophianischen Zeitalter – Gott in uns – besteht die absolute Freiheit im Bewusstsein des Christus Gottes und Seines himmlischen Vaters, der auch unser Vater ist."

Der vollständige Wortlaut der Offenbarung und der Erläuterungen Gabrieles ist – um es nochmals zu wiederholen – als Aufzeichnung in der *Bundeslade des Freien Geistes, im Zelt Gottes unter den Menschen* auf Datenträgern zu hören.

Gerade weil das Gesetz Gottes jedem die Freiheit lässt, ist der Ruf des Christus Gottes und der Cherubim und Seraphim vor Gottes Thron so eindringlich, den Christus-Gottes-Weg einzuschlagen. Machen wir uns nichts vor: Wir sind gefragt. Es ist alleine unsere freie Entscheidung, dem Ruf der höchsten Wesen aus dem Heiligtum Gottes und des Christus Gottes in die Freiheit zu folgen. Die Kraft dazu liegt im göttlichen Wesenskern unserer Seele und in der erlösenden Kraft des Christus Gottes in uns.

Lernen, lernen, um frei zu werden

Die Hilfen für diesen Weg zu unserem kosmischen Sein, zu unserem kosmischen Bewusstsein, sind in den vergangenen über 40 Jahren durch die göttliche Weisheit in allen Aspekten und Facetten gegeben und im *Zelt Gottes unter den Menschen mit der Sophia Bibliothek* aufbewahrt. Doch, wie gesagt, es genügt nicht, an diese Wahrheit oder an die Hilfen zu glauben oder sie nur zu lesen. Es ist ein aktiver Weg, der darin aufgezeigt wird und den jeder Schritt für Schritt gehen kann, um die kosmische Ordnung wieder in sich zu erschließen, um in die kosmische Erweiterung des Willens zu finden, um mit Hilfe der Selbstschulung anstelle des Intellekts Weisheit und Tiefgang zu erlangen. Der Weg führt über die Ernsthaftigkeit zum Durchblick. Dann kommen die Schritte: ein bisschen mehr Geduld für unsere Mitmenschen, die Lernschritte im Für- und Miteinander, die Liebe zur Natur, zur gesamten Mutter Erde, und die Barmherzigkeit gegenüber Schwächeren. Das heißt also, im Großen und Ganzen gesehen: mehr Liebe, Güte und Sanftmut.

Das ist der Freie Geist. Lernen, lernen, um frei zu werden von der Umstrukturierung der sieben göttlichen Kräfte durch den Widersacher, frei zu werden von seinem Zahlencode, der die Materie hervorgebracht hat und der uns an die Materie bindet, von der auch unser menschlicher Körper stammt. Dazu ist es nötig, frei zu werden von Religionen und allen Glaubensanschauungen, die nur predigen, aber keine Inhalte haben, frei zu werden von jeglichen Glaubensbekenntnissen, denn was heißt schon Glaube? Nichts wissen!

Deshalb der Rat: Lernen Sie, in Sätze und Worte zu blicken, lernen Sie, in alles, was auf Sie zukommt, tiefer zu schauen. Finden Sie sich selbst, dann werden Sie frei. Der Kosmos ist Unendlichkeit, und wir sind letzten Endes die Unendlichkeit – ohne Code-Zwang. Weitblick, Einblick zu gewinnen, sich selbst in Frage zu stellen und in sich die Antwort auf die Frage zu finden, das ist der Weg in die Neue Zeit.

Wenn man sich bewusst macht, wie oft wir im Alltag vorsätzlich mit wohlklingenden Worten in die Irre geführt werden, dann beginnt man zu verstehen, warum wir in den Schulungen aus dem Reich Gottes immer wieder daran erinnert werden, tiefer zu blicken. Viele Begriffe, denen wir im täglichen Leben ständig begegnen, sagen bei genauerer Betrachtung heute genau das Gegenteil von dem aus, was der Wortlaut ursprünglich bedeutet hat. Am offensichtlichsten ist das bei dem Etikettenschwindel, der von kirchlichen Organisationen mit dem Wort „christlich" betrieben wird. Die Lehren und Taten dieser Konglomerate sind oft das genaue Gegenteil der Friedens- und Freiheitslehre des Jesus, des Christus. Kirchenhörige verwenden auch oft den Begriff „Verantwortung übernehmen", wenn es in Wahrheit darum geht, schwer bewaffnete Soldaten in fremde Länder zu senden, die dort Menschen töten, und sie sprechen von „Friedensmissionen", wenn im Kriegswesen geschulte Menschen gegen ihre Mitmenschen eingesetzt werden, um ihr todbringendes Handwerk auszuüben.

Dass Menschen nicht nur, wie in diesen Beispielen, bewusst irreführende Worte wählen, sondern dass wir uns vielfach nicht bewusst sind, dass auch unsere Worte oft nicht mit dem übereinstimmen, was wir denken oder fühlen, hat Gabriele immer wieder dargelegt, so auch in einer über Rundfunk- und Fernsehstationen verbreiteten Schulung im November 2007:

„Warum hinterfragen wir so selten unser Denken, Reden, ja unser ganzes Verhalten? So mancher wird sagen: »Ja, was heißt das, mich zu hinterfragen?«

Denken wir mit. Wie oft denken wir anders als wir reden? Wie oft denken wir über unsere Mitmenschen ungut nach? Eventuell laufen in unseren Gedanken Hass, Neid, Feindschaft und Streit. Sollten wir darüber reden, dann werden wir diese unsere Gedanken verbrämen, also sind die Worte vielfach nur Hüllen, denn in unseren Worten liegt anderes als das, was wir sagen, was wir meinen oder gar, was wir tun. Wir tun freundlich und hilfsbereit. Dahinter steckt oft Abwertung, Feindseligkeit, evtl. sogar Hass und Neid.

Das alles, was in unseren Gedanken ist, was sich in unseren Worten tummelt und in unserem Verhalten, in unseren Handlungsweisen, das speichern wir in unserem physischen Körper, in unserer Seele und nicht zuletzt in Gestirnen, die wir Speichersterne oder Reinigungsebenen nennen. Es sind dann die Wege unserer Seele nach unserem Leibestod ...

Nicht die Hülle, der Gedanke als solcher wird gespeichert, sondern die Inhalte des Gedankens speichern wir. Wir sprechen mit unseren Nächsten und denken, das war jetzt ein gutes Gespräch. Doch was haben wir in unsere Worte hineingelegt? – Abwertung, Neid? – Das speichern *wir. Und wir speichern in unseren Körperzellen. Wir speichern in unserer Seele. Und das Negative speichern wir auch in sogenannten Speicherplaneten, auch in den sogenannten Reinigungsebenen. Das ist dann der Weg der Seele nach dem Erdendasein."*

Gabriele spricht von der Speicherung. Sie erinnert in dieser Schulung daran, dass wir ständig durch unser Empfinden, Fühlen, Denken, Sprechen und Handeln mit unserer Umwelt in Verbindung treten. Auch hier findet sich wieder der anschauliche Hinweis, dass es auf den Inhalt dieser Komponenten ankommt, denn es ist der Inhalt, den wir speichern, nicht die Schale, mit der wir den Inhalt oft verbrämen. Die fünf Komponenten Empfinden, Fühlen, Denken Sprechen und Handeln senden Energien aus. Sind diese Energien negativ, das heißt, entsprechen sie nicht dem göttlichen Gesetz der Gottes- und Nächstenliebe, dann unterliegen sie dem Zahlencode des Widersachers und werden entsprechend diesem Code in den Speichergestirnen seiner durch den Fall entstandenen Bereiche gespeichert. Der Mensch, der ja in seiner materiellen Erscheinungsform ebenfalls ein Produkt des Falls ist, speichert ebenfalls, und zwar in seinem Ober- und Unterbewusstsein und schließlich auch in den Hüllen seiner innewohnenden Seele. Jeder Mensch schafft sich so selbst seine Speicherung, seine individuelle Codierung auf der Basis des Zahlencodes. Man kann auch sagen, jeder schafft sich sein eigenes Personengesetz. Innerhalb dieses individuellen Personengesetzes kommt nach dem Gesetz von Saat und Ernte – man kann auch sagen, von Ursache und Wirkung – auf jeden wieder Gleiches oder Ähnliches zurück wie das, was er selbst ausgesandt hat.

Dieses Gesetz von Saat und Ernte, von Ursache und Wirkung, spricht auch die goldene Regel des Jesus von Nazareth in Seiner Bergpredigt an: *„Alles, was ihr wollt, dass euch die Menschen tun sollen, das tut ihr ihnen zuerst!"* Oder anders gesprochen: *„Was du nicht willst, dass man dir tu´, das füg´ auch keinem anderen zu!"*

Wer diese Regel befolgt, baut nicht mehr mit negativen Speicherungen weiter an einem Schicksal, das nach ehernen Regeln irgendwann auf ihn zurückkommt, wenn auch nicht unbedingt schon in der jetzigen Einverleibung. Denn nach dem Leibestod wird die Seele entsprechend ihren Speicherungen in den jenseitigen Bereichen, auch Reinigungsebenen genannt, ihren Weg gehen bis hin zu einer eventuellen weiteren Einverlei-

Christina von Dreien
↳ Speicher aufräumen, schlechten Inhalt auflösen!

bung in eine neue menschliche Hülle, in die sie dann die noch bestehenden Speicherungen wieder mitbringt. Wer aber die Lehre der Bergpredigt befolgt, beschreitet damit den Christus-Gottes-Weg heraus aus dem Code, heraus aus der Speicherung, heraus aus dem Gesetz von Saat und Ernte, heraus aus dem Rad der Wiedergeburt.

Vielfach sind wir uns der Tatsache, dass wir ständig speichern, gar nicht bewusst. Gabriele sprach dazu in der erwähnten Schulung:

„Die meisten Erwachsenen gehen einfach in das Alltagsleben, nennen sich unter Umständen Christen, wissen um die Zehn Gebote und um die Lehren des Jesus, des Christus. Und viele, sehr viele lassen das Ganze beiseite. Ein äußeres Streben, Macht und Ansehen und vieles mehr drängt sich in den Vordergrund. Und dann beginnt wieder das Speichern. Wir begegnen unseren Mitmenschen – im Beruf, auf der Straße. Wir haben eine Familie, wir begegnen den Familienmitgliedern, den Verwandten, den Bekannten. – Was denken wir?“

Wir sind unseren eigenen Speicherungen, unserer eigenen Vergangenheit aber nicht hilflos ausgeliefert:

„Was wir an Negativem speichern, ist Sünde, ist Fehlverhalten wider Gott und letzten Endes wider unser

wahres ewiges Leben. Das ist das Fehlverhalten, das uns als Menschen prägt. Und diese Prägung strahlen wir aus. Und so könnten wir sagen: »Was vergangen war, können wir nicht mehr gutmachen, es ist vergangen, wir können uns an vieles nicht mehr erinnern.« – So ist es nicht. Jeder neue Tag ist unser Tag. Es ist für jeden sein Tag. Und jeder Tag bringt aus den Gestirnen, aus den Planeten einige Aspekte von dem, was wir in der Vergangenheit eingegeben haben. Die Planeten strahlen es uns über unsere Seele zu, damit wir unser Fehlverhalten erkennen und mit der Hilfe des Christus, unseres Erlösers in uns, bereuen und bereinigen und wiedergutmachen. Wir bitten um Vergebung. Wir vergeben und machen wieder gut, was wir unter Umständen verursacht haben.

Und nicht mehr tun heißt, uns an den Geboten Gottes und an den Lehren des Jesus, des Christus, zu orientieren, so dass wir das Gegensätzliche, was wir eingegeben haben, aus unserer Seele und aus unserem Körper herausnehmen. Das heißt, der Christus Gottes wandelt das Schwere, das Sündhafte, das Dunkle, die Sünde um in Licht und Kraft – in der Seele und in unserem Körper. Unser Denken wird dann etwas lichter, unser Verhalten ebenfalls. Und wir fühlen uns als Mensch frischer, evtl. sogar gesünder."

Wenn es uns nicht gut geht, ist der erste Gedanke oft: Der andere ist schuld! Auch darauf geht Gabriele ein:

„Warum hinterfragen wir unser Verhalten nicht? Ist der andere schuld, wenn wir negativ denken? Oder entspricht es nicht doch einem Teil unseres Verhaltens?

Der andere kann ja mitschuldig sein, aber unser aufgeregtes und negatives Denken zeigt uns: Etwas Gleiches ist ja auch in uns, in unserer Seele, in unseren Körperzellen. Also stellt sich doch jeden Tag aufs Neue die Frage: Was will uns heute der Tag sagen? Er sagt uns nur das, was wir in der Vergangenheit gespeichert habe. Und irgendwann kommt es zum Tragen. Also ist es kein Zufall. Letzten Endes gibt es keine Zufälle, dass wir dies oder jenes erdulden, erleiden. Rückfragend könnten wir evtl. einiges ergründen in unserer Vergangenheit, unser Verhalten gegenüber unseren Mitmenschen. Ähnliches trifft uns heute. Es gibt keine Zufälle. Es steht doch auch geschrieben: »Was der Mensch sät, das wird er ernten.« – Die Inhalte unserer Gedanken und Worte, unseres ganzen Verhaltens sind die Saat. Wenn diese aufgeht, dann fühlen wir's an uns, unter Umständen auch im Körper."

Was Gabriele hier erklärt, hat sie in vielen Schulungen und Büchern weiter ausgeführt, die alle in der *Bundeslade des Freien Geistes* zu lesen sind.

In Bezug auf die negativen Speicherungen lesen wir beispielsweise in ihrem Buch ***Die Kosmische Uhr und das Netzwerk deiner Haut***:

„Jeder Baustein des Körpers hat ein Oberbewusstsein, ein Unterbewusstsein und ein Geistbewusstsein.

Im Zuge der Entstehung des Menschen entstand auch ganz allmählich die Vergangenheit, also das, was im Leben des Menschen zurückliegt. Die Vergangenheit des Menschen schließt jene Belastungen mit ein, die nicht, wie von Gott geboten, behoben wurden, denn Gott gebot: Bereue, bereinige, und sündige fortan nicht mehr. Es entstand die Gegenwart – das, was augenblicklich vor uns steht. Es entstand die Zukunft, in welche der Mensch Teile der Vergangenheit und gleichzeitig seine Wünsche und Sehnsüchte hineinprojiziert. Aus diesen Komponenten – Vergangenheit, Gegenwart und Zukunft – entwickelten sich das Oberbewusstsein und das Unterbewusstsein des Menschen. Das Oberbewusstsein beinhaltet das, was dem Menschen noch bewusst ist. Was in die Vergangenheit zurückgetreten, aber nicht aufgearbeitet wurde, ist das Unbewusste, das Unterbewusstsein.

Gott ist die Allgegenwart in allem. Da Er alles in allem ist, im Kleinsten das Große, im Großen das Kleinste und das Innerste in allem Sein, wirkt Er als die positive Kraft in allem. Infolgedessen bestehen im Menschen drei Bewusstseinslagen: Oberbewusstsein, Unterbewusstsein und das Geistbewusstsein, denn Gott ist Geist, und das göttliche Bewusstsein ist das Geistbewusstsein.

Jeder Baustein des physischen Körpers hat diese drei Bewusstseinsaspekte: Oberbewusstsein, Unterbewusstsein, Geistbewusstsein. Das Ober- und das Unterbewusstsein prägen den Menschen. Die Negativ-Engramme, die in diesen beiden Bewusstseinslagen gespeichert sind, gingen auch in die entsprechenden Bereiche der Partikelstruktur der Seele ein. Die Summe des Sündhaften, das aus unzähligen Frequenzen, gleich Schwingungsnuancen, besteht, ist darüber hinaus im materiellen Kosmos sowie im feinerstofflichen Kosmos der Reinigungsebenen bildhaft aufgezeichnet. Entsprechend den bildhaften Eingaben der Fallwesen und der Menschen in allen Zeitepochen ummantelten sich die Planeten. Ob Seele oder Mensch – was in unserer Seele nicht behoben ist, das ist auch in den beiden Kosmen nicht gelöscht. Mit diesen Eingaben bleiben wir in Kommunikation, als Seele und als Mensch."

Das Sündhafte, das gespeichert ist, die Belastung, ist die individuelle Codierung des Einzelnen auf der Basis des dämonischen Zahlencodes, sein eigenes Personengesetz, von dem sein Dasein auf der Erde und in den jenseitigen unteren Reinigungsebenen unerbittlich gesteuert wird, solange er dem dämonischen Zahlencode unterliegt. Die bildhaften Eingaben, von denen Gabriele spricht, werden im Zahlencode des Dämons gespeichert, vergleichbar mit der Speicherung von Filmen auf digitalen Datenträgern, die bildhaft genau die Welt projizieren können, die in der digitalen Speicherung codiert ist.

Wie weit die Speicherungen des Einzelnen in einem riesigen universalen Netz mit sämtlichen Speicherungen der Fallbereiche in Verbindung stehen, die auf demselben Zahlencode beruhen, legt Gabriele in dem Buch ***Sein Auge – Die Buchhaltung Gottes. Der Mikrokosmos im Makrokosmos*** dar. In diesem Buch erklärt Gabriele detailliert die Entstehung und die Vernetzungen dieses „Kausalcomputers", vom Abfall einiger Geistwesen aus dem Reich Gottes über die Entstehung der Fallebenen bis hin zu der materiellen Welt und den Menschen. All dies entstand durch den „Fall" nach den dämonischen Vorgaben des Widersachers Gottes.

Wer dieses Buch liest, findet Zugang zum Verständnis von Zusammenhängen, die der Menschheit bis heute nicht bekannt waren. Er bekommt eine Vorstellung davon, wie intensiv die dämonische Ader unser Leben mit dem, was wir nach den neuesten Erkenntnissen als den Zahlencode bezeichnen, unablässig beeinflusst, und er beginnt zu verstehen, warum das Reich Gottes durch Christus und Seine Gottespropheten gerade in unserer Zeit so eindringlich immer wieder die Kinder Gottes zur Umkehr und zur Rückkehr in das Reich Gottes ruft und so viel intensive und detaillierte Aufklärung und Hilfe durch die göttliche Weisheit, die Gottesprophetin Gabriele gibt.

Im Vorwort zu dem Buch gibt der Cherub der göttlichen Weisheit Hinweise über den Umgang mit der Wahrheit aus dem Reich Gottes, die von grundsätzlicher Bedeutung sind:

„Das Offenbarungswort, die Lehren, die Hilfen, das geschriebene Wort – alles kommt aus einer Quelle, aus der Weisheit, dem Born der Wahrheit. In diesem Buch erläutert unsere Schwester mit ihrem Wortschatz die geistigen Zusammenhänge zwischen Makrokosmos und Mikrokosmos, um den Menschen, die sich bemühen, Gottes Willen zu erkennen und zu erfüllen, tiefe Einblicke in das mächtige Kommunikationsnetz, in das All-Netz »Senden und Empfangen«, zu geben.

Viele Menschen wollen über das Wort Gottes diskutieren. Gott ist Wahrheit. Über die Wahrheit kann nicht diskutiert werden, weil sie absolut ist. Wer darüber diskutiert, der erfasst nur die Schale, das Wort, und nicht die Inhalte des Wortes. Der wahre Weise diskutiert nicht - er gibt. Ob das Wort, die Hilfe, die aus der Wahrheit kommt, angenommen wird oder nicht, das überlässt er Gott und seinem Nächsten.

Wer in der Wahrheit lebt, der schöpft aus der Wahrheit und spricht die Wahrheit. Er will nicht überzeugen, will nicht beweisen, will nicht glauben machen - er gibt. Das Prinzip der Wahrheit lautet: Wer es fassen kann, der fasse es; wer es lassen möchte, der lasse es."

Ein weiteres umfassendes Schulungswerk klärt über die Verstrickung des Menschen im Gesetz von Saat und Ernte auf und zeigt den Weg, davon frei zu werden. Es trägt den Titel: ***Ich - Ich - Ich. Die Spinne im Netz. Das Entsprechungsgesetz und das Gesetz der Projektion***.

Besonders ergreifend ist das Geleit Gabrieles zu diesem Buch, in dem sie an die Erlösertat des Jesus von Nazareth erinnert, in der das göttliche Wesen Christus, der Mitregent der Himmel, die Teilkraft aus der Urkraft, allgegenwärtig in den Schöpfungskräften des Universums – der Gottessohn –, sich für die Menschen opferte. Einige Sätze daraus seien hier wiedergegeben:

„Während ich das Wort zum Geleit dieses Buches schreibe, wird mein Herz immer schwerer, denn ich fühle, was unser Erlöser, Christus, für alle Seelen und Menschen getan hat und was Er wollte. Er, der Sohn des Ewigen, zugleich allen Menschen Bruder, opferte sich, damit aufgrund Seiner Erlösertat wir Menschen die Kraft erlangen – Seine namenlose Kraft der Liebe, Barmherzigkeit und Güte –, um aus dem Gefängnis unseres Egos, aus dem Netzwerk unserer Verstrickungen, herauszufinden."

Auch dieses Buch Gabrieles enthält eine intensive Schulung zur Selbsterkenntnis, wo bei dem Einzelnen diese Verstrickungen liegen und wie er aus dieser Erkenntnis für sich selbst die Konsequenzen ziehen kann – nach dem Wissen, das wir heute vom dämonischen Zahlencode haben, könnte man sagen: wie er von der Steuerung durch den dämonischen Zahlencode frei werden kann.

Ein Beispiel für die besonders anschaulichen Hilfen in diesem Buch sind die folgenden Erläuterungen Gabrieles zum sogenannten „Gesetz der Entsprechung" oder „Spiegelgesetz":

„Kein Mensch ist jedoch unwiderruflich seinen eigenen Eingaben, seinen Programmen, also seinen Entsprechungen ausgeliefert. Ist er täglich wachsam und überprüft seine Gefühls- und Gedankenwelt, seine Worte, Handlungen und Leidenschaften, so kann er daraus seinen Charakter erkennen und die negative Prägung beheben.

Das Grundprinzip, um uns selbst zu erforschen, wer wir wahrlich sind, lautet: Erkenne dich selbst. Hierfür gibt es viele Spiegel: Unsere Fehler und Schwächen, unsere Belastungen, spiegeln sich wider in und an unserem Körper und unserem Gesicht, in unserer Familie, in den Verwandten, den Freunden, den Kollegen und Kolleginnen, den Vorgesetzten; da sind ebenfalls die Spiegeleffekte der Straßenpassanten mit all dem, was diese in uns in Bewegung bringen. Auch unser Verhalten beim Essen und Trinken ist uns Spiegel, ebenso unsere Sitzhaltung, unsere Kleidung, deren Farben und Formen, auch die Gestaltung und die Farben und Formen unserer Wohnung, unsere Umgebung – alles ist uns Spiegel.

Das Gesetz der Entsprechung könnten wir auch das »Spiegelgesetz« nennen. Die Begegnung und die Erfahrung mit seinen Spiegelbildern ist für denjenigen, der sich erkennen möchte, um sein niederes Menschliches zu überwinden und frei zu werden, eine unschätzbare Hilfe.

Zur Selbsterkenntnis dienen uns noch weit mehr Spiegel: Unser Verhalten dann, wenn wir uns unbeobachtet oder wenn wir uns beobachtet fühlen. Auch die Situationen im Straßenverkehr können uns Spiegel sein, z.B. dann, wenn uns ein anderes Fahrzeug gesetzwidrig überholt, oder wenn ein Auto unserem Fahrzeug zu nahe kommt. Auch wie wir unseren Wagen oder unser Fahrrad parken, wie wir uns an der Kasse eines Kaufhauses verhalten – es ist unser Spiegel. Alles, aber auch alles spricht zu uns. Nicht unserem Nächsten, sondern uns selbst wollen unsere Aktionen und unser darauf folgendes Verhalten etwas sagen."

Es geht immer wieder darum, sich selbst zu erkennen und schrittweise mit Christus sein Niederes, Allzumenschliches zu überwinden. Das Reich Gottes hat alles für uns getan, uns alles offenbart, was wir dazu benötigen.

Ganz sicher benötigen wir dazu keine Religion, keine Priester oder Pfarrer, keine Kirchen aus Stein und keine Dogmen, Riten, Reliquien oder sonstige Kulthandlungen, und vor allem keine Vereinnahmung und keine Drohungen mit einem blutrünstigen Rachegötzen.

All diese aus dem Baalskult und anderen heidnischen Kulten stammenden Schaffungen der Priester haben nichts zu tun mit dem Freien Geist, Gott, und Seinem Sohn, dem Christus Gottes.

Auch Not und Unglück, all die Kriege, die Verbrechen, die Massen- und Völkermorde, die abscheulichen Schändungen von Kindern und Frauen und der Krieg gegen die Schöpfung Gottes, gegen die Tiere und die Natur, haben nichts, überhaupt nichts mit Gott, dem Ewigen, oder mit Seinem Sohn, dem Christus Gottes, zu tun.

Und wenn die Stellvertreter des Systems Baal auf Erden ihre Verbrechen und Untaten Gott, dem Ewigen, und Seinem Sohn Christus andichten, indem sie sich „christlich" nennen und Gott, dem Ewigen, die Hölle und ewige Verdammnis ihres Götzen Baal unterschieben, begehen sie damit das größte Verbrechen überhaupt. Denn der Freie Geist, Gott, der Ewige All-Eine, der Vater-Mutter-Gott aller Seiner Kinder, ist der Gott der Liebe, des Friedens und der Freiheit. Den Beweis dafür auf dieser Erde hat Sein Sohn, der Christus Gottes in Jesus von Nazareth, erbracht, ebenso alle Gottespropheten und alle Menschen, die von Ihm, dem Ewigen erleuchtet waren. Keiner von ihnen ist je mit Waffengewalt aufgetreten. Sie haben das Ewige Wort gebracht, sie sind mit dem Wort der Wahrheit scharf den Priestern aller Zeiten entgegengetreten. Aber sie haben keine Eroberungsfeldzüge gegen andere geführt. Sie haben immer mit dem Gesetz der Gottes- und Nächstenliebe gekämpft. Daran erkennt man: Gott ist die Liebe.

Dieser Beweis ist heute sogar noch in den sogenannten Bibeln der Priestermänner nachzulesen, zwischen all den unzähligen Grausamkeiten und Ungeheuerlichkeiten die – um die Worte des Gottespropheten Jeremia in demselben Buch zu zitieren – „der Lügengriffel der Schriftgelehrten" Gott, dem Ewigen, und Seinen Wortträgern untergeschoben hat. Denn in diesem Buch ist auch eine Aussage des Jesus von Nazareth überliefert, die beweist, dass Er, der Friedefürst, der die Gottes- und Nächstenliebe gelehrt und vorgelebt hat, in einer Reihe steht mit allen Gottespropheten vor ihm, die ebenfalls das Gesetz Gottes der Gottes- und Nächstenliebe gelehrt und vorgelebt haben. Dies sind Seine überlieferten Worte: *„Ihr sollt nicht meinen, dass Ich gekommen bin, das Gesetz oder die Propheten aufzulösen; Ich Bin nicht gekommen, aufzulösen, sondern zu erfüllen."*

Durch Christus, den Sohn Gottes, und alle Gottespropheten hat das Reich Gottes also zu allen Zeiten die Botschaft der Gottes- und Nächstenliebe auf die Erde gebracht. Ohne jeden Religionszwang, ohne jede Vereinnahmung, ohne jede Gewalt.

Alle Propheten aus dem Reich Gottes haben immer nach dem göttlichen Gesetz der Freiheit gehandelt und jedem die Freiheit der Entscheidung gelassen. So haben auch wir heute die Freiheit, uns frei zu entscheiden. Es liegt an uns, wir sind gefragt, wir haben die Freiheit, frei zu werden von der Vereinnahmung durch den dämonischen Zahlencode. Die Antwort auf die Frage, wie das geschehen kann, war und ist zu allen Zeiten immer die gleiche: indem wir schrittweise nach dem Gesetz Gottes der Gottes- und Nächstenliebe leben.

Der Kampf der Kulte und Religionen gegen das Ewige Wort und die Boten Gottes

Wir werden heute durch die göttliche Weisheit, durch die Gottesprophetin Gabriele, zum Ewigen Wort des Freien Geistes und zum Weg der Gottes- und Nächstenliebe zum Herzen Gottes geführt.

Diese Hilfe aus dem Reich Gottes gibt es nicht erst seit unserer Zeit. Durch das prophetische Wort Gottes durch Gabriele wissen wir, dass das Reich Gottes das Wort des Ewigen und Seinen Ruf an die abtrünnigen Kinder, heimzukehren, seit Ur-Zeiten ausgesandt hat, dass zu allen Zeiten die Boten Gottes versucht haben, den abtrünnigen Seelen und Menschen den Weg heraus aus den Speicherungen und den dämonischen Fesseln zu weisen, die sie sich selbst angelegt haben.

Dabei beachtet Gott, der Ewige, nach Seinem Gesetz der Freiheit immer den freien Willen Seiner gefallenen Kinder. Seine Boten, auch die großen Gottespropheten von Abraham bis Gabriele, haben immer gerufen und aufgeklärt – aber sie haben nie Zwang angewandt, und das tun sie auch heute nicht.

Im Laufe der Zeiten sind immer wieder abtrünnige Wesen dem Ruf des Reiches Gottes gefolgt. Sie sind umgekehrt und haben sich auf den Weg gemacht zurück in die ewige Heimat. Doch immer noch unterliegen viele Seelen und Menschen der Herrschaft des Systems Baal mit seinem Zahlencode. Bis heute unterwerfen Machtkonstrukte in seinem Dienste die Menschen in ihrem Herrschaftsbereich ihrer strengen Zucht, die man als Baalszucht bezeichnen kann.

Mit Indoktrination, Drohung und Gewalt hat die Priestergilde über die Jahrtausende die heidnische Vorstellung ihres zornigen Priestergottes verbreitet, dessen Rache nur durch die Vermittlung seiner Zauberer, Medizinmänner, Priester oder sonstiger Helfershelfer besänftigt oder abgewendet werden kann. Die Baalsdiener im Ornat veranstalten dazu Schaugepränge, Zeremonien und Ritualhandlungen unterschiedlichster Art, vor allem aber müssen sich die Hörigen der Knute der Priester und der mit ihnen verbündeten Mächtigen unterwerfen und deren Anführern ein Leben in Reichtum, Prunk und Luxus ermöglichen. Unverblümt gibt das reichste religiöse Konstrukt in Rom seinen globalen diktatorischen Unterwerfungsanspruch in seinen Lehrsätzen kund:

„Dem römischen Papst sich zu unterwerfen, ist für alle Menschen unbedingt zum Heile notwendig: das erklären, behaupten, bestimmen und verkündigen Wir."

Deutlicher kann man es kaum dokumentieren: Mit Gott, dem Ewigen, mit der aus dem Reich Gottes von allen Propheten offenbarten Wahrheit der Gottes- und Nächstenliebe, der Freiheit, Einheit und Gleichheit, haben die Götter und Götzen religiöser Konglomerate und deren Diener nicht das Geringste zu tun. Religion ist die manifest gewordene Irreführung der Menschen durch den dämonischen Zahlencode, mit der er die Menschen dazu anhält, sich ihm unterzuordnen und fortwährend gegen das Gebot Gottes der Gottes- und Nächstenliebe zu verstoßen, also zu sündigen. Ganz deutlich kommt dies zum Beispiel in der Lehre Martin Luthers zum Ausdruck, der dazu aufforderte: *„Sündige tapfer, noch tapferer glaube!"* – also: begehe Sünden im Glauben an den „Gott" Martin Luthers!

In solchen Worten entlarvt sich der dämonische Zahlencode unverschlüsselt selbst. Gott, der Ewige, und Sein Sohn Christus rufen nicht zum Sündigen auf. Das Sündhafte ist das, was dem Liebe-Gesetz Gottes widerspricht, es ist das, was vielmehr dem dämonischen Gesetz entspricht, dem Gesetz der Trennung, der Zwietracht, des Neides und des Hasses, der Gewalt und des Todes, kurz, dem dämonischen Zahlencode. Wenn solche sündhaften Aspekte vom Menschen in Empfindungen, Gefühlen, Gedanken, Worten und Taten ausgehen, sind das die besagten Energien, die den Energiekomplex aus dem Schwingungsspektrum des dämonischen Codes nähren und gleichzeitig die negativen Engramme des Einzelnen formen und sie verstärken.

Wer dagegen den Lehren und Weisungen der Gottespropheten folgt und die Gebote Gottes hält und entsprechend empfindet, fühlt, denkt, spricht und handelt, der verstärkt nicht mehr seine dämonischen Engramme, sondern er beginnt im Gegenteil, diese Engramme Schritt für Schritt aufzulösen, indem er in diesem Bewusstsein seine begangenen Sünden bereut, bereinigt, wiedergutmacht und nicht mehr tut.

Gerade das Beispiel Martin Luthers zeigt, wie raffiniert die Talarträger ständig die Menschen dazu verleiten, zu sündigen, also dem System Baal als Energielieferanten zu dienen. In diesem Fall geschieht das zusätzlich besonders infam durch Missbrauch und Verdrehung von Begriffen wie „christlich“ oder „Glaube“. Und die Opfer merken es nicht, weil sie nicht hinterfragen, was sich hinter den Worten der Statementabgeber verbirgt, und weil sie vielfach sogar folgsam ihren Verstand ausschalten, so, wie man es ihnen jahrzehntelang eingeimpft hat.

Ähnliches gilt zum Beispiel auch für die Leugnung des Gesetzes von Saat und Ernte. Was der Mensch sät, wird er ernten. Das ist eine Gesetzmäßigkeit in der materiellen Welt, welche in der Naturwissenschaft als Gesetz von Ursache und Wirkung oder als „Aktion“ und „Reaktion“ unbestritten gilt. Das gilt für alle Abläufe, für das gesamte Dasein auf dieser Erde. Es ist ebenfalls eine Folge des Gesetzes des Zahlencodes des Widersachers, seiner Umpolung, seiner negativen Ausprägung des universell geltenden Gesetzes von Senden und Empfangen. Das Gesetz von Ursache und Wirkung läuft so lange zwangsläufig von selbst ab, solange der Mensch diesem Zahlencode unterliegt. Um dieser zwangsläufigen Abfolge zu entrinnen, muss der Mensch den dämonischen Zahlencode entschlüsseln und erkennen, wie und wodurch er selbst dazu beigetragen hat oder noch beiträgt, dass ihn dieser Code beherrschen kann.

Die Priestergilde macht ihren Hörigen dagegen vor, sie könne dem, der sich ihr völlig unterwirft, bei ihrem „Gott" einen Platz in dessen „Paradies" verschaffen, unabhängig davon, wie er sein irdisches Leben führt. Das ist der Grund, warum Priesterkulte, auch die sich selbst als christlich bezeichnenden Kirchen, das Gesetz von Ursache und Wirkung leugnen, genauso wie die Tatsache der Wiedergeburt. Denn würden sie diese Tatsachen eingestehen, welche zwangsläufige und unabwendbare Auswirkungen im Gefolge des dämonischen Zahlencodes sind, hätten sie ihre fehlende Daseinsberechtigung selbst zugegeben. Deshalb haben sie zu allen Zeiten alles getan, diese Wahrheit um jeden Preis von ihren „Gläubigen", den Energielieferanten ihres Systems Baal, fernzuhalten.

Das Ende des Widersachers durch Christus und die göttliche Weisheit

Doch die Wahrheit kann nicht mehr unterdrückt werden. Zu der ganzen Wahrheit, die durch Christus und die göttliche Weisheit auf die Erde gekommen ist und weltweit verbreitet wird, gehört, wie dargelegt, auch die Entlarvung des Widersachers. Immer mehr Menschen erfahren die Wahrheit über das System Baal und seine Helfershelfer, immer mehr Menschen wenden sich von ihm ab und finden den Christus-Gottes-Weg, heraus aus der Verstrickung, heraus aus der zwanghaften Steuerung durch den dämonischen Zahlencode.

Vor 2000 Jahren hat Christus als Jesus von Nazareth durch Seine Erlösertat auf Golgatha das Ende des Systems Baal eingeleitet. Seit 2000 Jahren steht jeder Seele und jedem beseelten Menschen Christus, der Sohn Gottes, als Erlöser und Retter unmittelbar zur Seite. Von Christus selbst und vom Cherub der göttlichen Weisheit durch das prophetische Wort Gabrieles kennen wir heute die wahre Bedeutung dieses Ereignisses, dass nämlich Christus als Jesus von Nazareth mit Seiner Erlösertat auf Golgatha dem dämonischen Fallgeschehen Einhalt geboten hat. Er löste einen Teil Seines Kindschaftspotentials aus Seinem Anteil an der göttlichen Ur-Kraft als Mitregent des Reiches Gottes aus, um daraus mit Seinem Erlöserfunken den Wesenskern, die Essenz des Reiches Gottes in jeder wandernden Seele, in jedem beseelten Menschen, zu schützen.

Was Christus für Seine gefallenen Brüder und Schwestern vollbrachte, erläuterte Er selbst in Seiner durch Gabriele gegebenen öffentlichen Offenbarung in Mainz im April 1984, die in der *Biographie des Christus-Gottes-Werkes in der Bundeslade des Freien Geistes im Zelt Gottes* aufgezeichnet ist, mit den Worten:

„Wahrlich, wahrlich, Ich habe euch erlöst vor dem Sturz in weitere Tiefen, vor dem Fall in die Mineralreiche, vor der Auflösung eurer geistigen Körper. Ich gebot diesem Sturz den inneren Halt durch Mein aufbauendes, erlösendes, Kraft spendendes Licht."

Seither sind die „oberen" drei Fallbereiche, die dem Reich Gottes am nächsten und am wenigsten verschattet sind, die Vorbereitungsebenen für die Seelen für ihre Rückkehr in das Reich Gottes. In diesen Vorbereitungsebenen einschließlich des Endes der vierten Reinigungsebene kann der dämonische Zahlencode keine Wirksamkeit mehr entfalten.

Die „unteren" vier Ebenen der jenseitigen ehemaligen Fallbereiche sind Reinigungsebenen. Es sind die Bereiche, welche die Seele durchschreitet, um schrittweise ihre sündhaften Belastungen, ihre Speicherungen zu überwinden. Dort wirkt noch der Zahlencode des Widersachers, entsprechend sind dort auch noch die Speicherungen wirksam, die der Mensch im Oberbewusstsein, im Unterbewusstsein und im Geistbewusstsein, wie oben dargelegt, selbst geschaffen hat. Die Inhalte dieser Bewusstseinsaspekte beeinflussen sich gegenseitig mehr oder weniger.

Die Inhalte des Gegensätzlichen aller Seelen und beseelten Menschen sind im System des Widersachers in einer Chronik gespeichert, einer Art „Atmosphäre". Diese Chronik reicht von der Erde bis in die ersten vier Reinigungsebenen und umfasst auch das Rad der Wiedergeburt. Alles in diesen Ebenen unterliegt dem dämonischen Zahlencode, jede Seele und jeder beseelte Mensch ist dort in der individuellen Variante seiner persönlichen Eingaben registriert. Wer sich ganz im Bereich der ersten oder zweiten Stufe aufhält, gehört noch ganz der Materie an und ist noch im Rad der Wiedergeburt verhaftet.

Beginnt der Mensch, durch ein Leben nach den Geboten Gottes seine sündhaften Eingaben zu bereinigen und seine Eingaben dadurch aufzulösen, um von der ersten Stufe in die zweite Stufe oder von der zweiten Stufe in die dritte Stufe aufzusteigen, dann tritt der Zahlencode verstärkt in Aktion, um den Menschen gleichsam wieder nach unten zu ziehen. Der Mensch gerät vermehrt in Turbulenzen und Situationen, in denen seine alten Eingaben, seine sündhaften Gewohnheiten und Fehlhaltungen ihn wieder einholen und beeinflussen. Das geschieht so beim Schritt von der ersten in die zweite Stufe und auch, wenn der Schritt von der zweiten zur dritten Stufe ansteht; diese Reaktion hält an bis zur Mitte der vierten Stufe. Erst dann verliert der Zahlencode allmählich seine Wirkung. Dann wird der Mensch oder die Seele freier und bereitet sich für den Übergang in die Vorbereitungsebenen vor, wo der Zahlencode seine Wirksamkeit verloren hat.

Es hilft, diesen Automatismus zu verstehen, wenn man sich immer wieder bewusst macht, dass der Widersacher und seine Anhänger ihre Opfer als Energielieferanten für ihre dämonischen Vorhaben brauchen und dass das ganze System des Widersachers, sein Zahlencode, entsprechend angelegt ist. Der Dämon und die abtrünnigen Wesen leben von der Energie ihrer Opfer, weil sie sich von dem Kreislauf der unendlich strömenden göttlichen Energie selbst abgekoppelt haben.

Aus diesem Grunde wird gerade der Mensch besonders angegriffen, der ernsthaft auf dem Weg von der dritten Stufe zur vierten Stufe ist. Denn er droht dem dämonischen Transfer auf Dauer als Energielieferant verloren zu gehen. Anders verhält es sich bei dem, der sich damit begnügt, auf der ersten oder zweiten Stufe zu verweilen. Dessen Leben verläuft dann oftmals in ruhigeren Bahnen, denn er bleibt dem dämonischen Transfer als Energielieferant sicher erhalten.

Alle diese Vorgänge werden von dem dämonischen Zahlencode gesteuert, alles läuft automatisch, also von selbst ab, so wird es von dem Code gesteuert. Diesen Zug nach unten durch den Zahlencode kann nur der überwinden, dessen Wille, wieder göttlich zu werden, größer ist als die Macht des dämonischen Codes, der nach unten zieht. Dabei hilft der Geist, Gott, der ja auch im Innersten aller Seelen und Menschen immer gegenwärtig ist, weshalb wir auch sagen: Gott in uns.

Er möchte immer helfen, aber helfen kann der Geist, Gott in uns, und auch der Erlöserfunke des Christus Gottes nur so weit, wie es die Seele oder der Mensch wollen – es ist ihr freier Wille, es ist ihre Entscheidung.

Schon vom Beginn des Falls erkennt man die Wirkung des Zahlencodes immer an dem gleichen Prinzip: „Trenne, binde und herrsche" – Trennung von der Einheit des Ewigen Seins, Bindung an die dämonischen Kräfte und ihr Prinzip der Herrschaft, Unfreiheit und Steuerung des Opfers durch Unterwerfung unter ihren Zahlencode.

Dieses Prinzip prägt, wie gesagt, in unserer Zeit immer noch die unteren vier Bereiche des Falls einschließlich der materiellen Welt. Es geht immer um die totale Beherrschung und Unterwerfung, es gibt dort keine Einheit und Gleichheit eines Kindervolkes wie im Reich Gottes, dem das ganze göttliche Erbe der Ewigen Seins-Schöpfung geschenkt ist, sondern es gibt vom Dämon und seinem Zahlencode gesteuerte Befehlsempfänger, Sklaven, Marionetten oder Roboter. Immer noch versucht das dämonische System, damit über die göttliche Seins-Schöpfung zu triumphieren, und wenn das nicht gelingt, diese zu zerstören.

Doch beides kann nicht gelingen. So sehr der Dämon auch versucht, die von ihm abgespaltenen Teile der göttlichen Schöpfung durch seinen Zahlencode zu zerstören – Gott, der Freie Geist, steht über allem, auch über dem dämonischen Zahlencode und über den Bereichen des Falls bis hin zum materiellen Universum. Denn der Geist, Gott, ist in allem das Leben. Auch im Innersten aller dämonischen, verdichteten Formen, im Wesenskern jeder Seele ist Er die alles erhaltende und belebende Kraft. Dieser göttliche Kern ist unantastbar. Und nachdem Christus durch Seine Erlösertat auf Golgatha dem Wesenskern jedes Menschen und jeder Seele zusätzlich Seinen Erlöserfunken, die rettende und erlösende Kraft des Christus Gottes, übertragen hat, ist nunmehr durch das Wirken der göttlichen Weisheit in unserer Zeit durch die Gottesprophetin Gabriele die endgültige Niederlage des dämonischen Transfers besiegelt.

Gott, der Ewige, greift in die Schaffungen des Widersachers nicht ein, auch nicht in die materiellen Körper der Menschen. Gott hat den abtrünnigen Wesen das Quantum an Lichtäther mitgegeben als Leihgabe für eine Zeitspanne, um die der Widersacher weiß. Er hat ihnen die Freiheit und die Möglichkeit gegeben, nach ihren Vorstellungen zu beweisen, dass sie eine bessere Schöpfung schaffen können als die göttliche Seins-Schöpfung mit Seinem Kindervolk, die Gott, der Ewige, nach Seinem Liebe-Gesetz geschaffen hat. Und zu Seinem Gesetz gehört, wie bereits mehrfach erwähnt, die Freiheit. Wenn Gott eingreifen würde, würde Er gegen Sein eigenes Gesetz verstoßen. Hätte Er in die Freiheit des Widersachers eingegriffen und ihm die Chance genommen, den Beweis zu führen, dass er es besser machen kann als Gott, dann hätte Gott gegen Sein eigenes Gesetz verstoßen. Das wäre genau das, was der Widersacher möchte.

Das Reich Gottes greift also nicht unmittelbar in den Bereich des Widersachers ein. Das geht so weit, dass jeder, der aus dem Reich Gottes in die Bereiche des Falls geht, sich dem Gesetz des Widersachers zu unterwerfen hat, das dort gilt, das heißt, er muss sich ebenfalls diesem dämonischen Zahlencode unterziehen, aus dem die Dichte besteht, aus der auch die Materie und der materielle Körper hervorgegangen sind. Das gilt sogar für die Boten aus dem Reich Gottes, Seine Gottesprophetinnen und Gottespropheten, die sich in einen menschlichen Körper einverleiben. Denn der menschliche Körper besteht aus den Bausteinen der Materie, die der dämonische Zahlencode hervorgebracht hat, und er funktioniert deshalb auch nach diesem Code und ist dem Einfluss dieses Codes unterworfen.

Der Zahlencode ist gleichsam der Ausweis, den jedes Wesen tragen muss, das sich im Reich des Widersachers bewegen will, wo dieser Code gilt.

Diese Tatsache ist auch ein Zeichen der Weisheit und Gerechtigkeit Gottes. Denn die gleiche Gesetzmäßigkeit gilt auch in umgekehrter Richtung: Wer aus dem Reich der dämonischen Codierung in das Reich Gottes zurückkehren will, muss vorher den dämonischen Zahlencode abgelegt haben und wieder vollständig zum Träger des alles verbindenden göttlichen Gesetzes der Liebe und Weisheit, der Freiheit und Einheit geworden sein, ehe er die Lichtmauer zu den reinen Welten des Ewigen Seins passieren kann, die das Ewige Sein von den Fallbereichen trennt.

Die Universen, die Fallbereiche außerhalb dieser Lichtmauer bis hin zum materiellen Universum mit der Erde, haben sich unter dem Gesetz dieses dämonischen Codes nach dessen Vorgaben gebildet.

Auch der Seraph der göttlichen Weisheit, die Gottesprophetin Gabriele, bewegt sich als Mensch in dem

Bereich des dämonischen Zahlencodes. Doch sie hat nicht nur den Zahlencode überwunden. Nach über 40 Jahren des aufopferungsvollen Wirkens als Prophetin und Botschafterin des Ewigen im Christus-Gottes-Werk hat die göttliche Weisheit auch den Urheber dieses Zahlencodes in seiner dämonischen Manifestation überwunden.

Christus, der Sohn Gottes, hat durch das prophetische Wort offenbart, dass durch die göttliche Weisheit, durch den Seraph im Erdenkleid, Gabriele, der Dämon besiegt und auf die Erde geworfen wurde. Der Dämon selbst hat seither keinen Zugang mehr zu den unteren vier Ebenen des Falls, den sogenannten Reinigungsebenen. Doch sein Zahlencode wirkt mit seinem Gesetz immer noch bis in deren vierte Ebene hinein. Dort wirkt der Code immer noch auf die Seelen und Menschen ein, entsprechend der individuellen Belastung des Einzelnen, also in dem Maße, wie sich die Seele oder der beseelte Mensch innerhalb des Wirkungsbereichs des dämonischen Systems individuell codiert, also belastet hat.

Auf der Erde tobt sich der Dämon umso mehr aus. Mehr denn je erkennt man sein Gewaltprinzip der Trennung und Beherrschung, und mehr denn je werden dessen Auswirkungen bewusst: die Aufteilung in Erdteile, die Aufteilung in Länder, die Aufteilung der Länder in Volksgruppen, Städte, verfeindete soziale Klassen, Aufteilung in viele und verfeindete Religionen. Alles ist getrennt und abgeteilt, jeder ist gegen jeden. Die negativen Energien brechen sich mehr denn je Bahn in Gewalt, Terror, im Krieg gegen Menschen, gegen die Tiere und immer mehr erkennbar besonders gegen die Umwelt und die gesamte Natur. Der Zahlencode des Widersachers ist offensichtlich am Werk überall im dämonischen Treiben in dieser Welt. Und die unumkehrbare Klimakatastrophe ist nur ein Anzeichen dafür, dass er die Welt in den Abgrund führt.

Dass der Widersacher besiegt ist und seine Zeit und die seines Zahlencodes abläuft, hat Christus, der Sohn des Ewigen und Mitregent des Reiches Gottes, durch die göttliche Weisheit mit den Worten offenbart:

„Es ist getan, es ist getan, es ist vollzogen."

Weil es getan ist, führt der Ewige zurück, was dem Ewigen gehört. Das Heiligtum Gottes, die Heimat, die Liebe des Ewigen, hat den Kindern, die ihr göttliches Erbe auslösen wollten, um zu beweisen, dass sie es besser können als Gott, der Ewige, aus Seinem Lichtäther das Quantum als Leihgabe mitgegeben. Der Ewige All-Eine gab aus Seiner Liebe, damit sie selbst erfahren und erkennen: Er ist das Gesetz und die Vollendung, Er ist das Sein, und darüber hinaus gibt es nichts.

Über Zeiten der Zeiten reicht die Liebe Gottes den abtrünnigen Kindern die Hand, immer wieder klärt Er auf und ruft Seine abtrünnigen Kinder durch Seine Gottespropheten, um sie in ihre ewige Heimat heimzuholen. Jetzt, da offenbar ist, dass sie mit ihrem Vorhaben gescheitert sind und sie immer tiefer gefallen wären, nimmt der Ewige die Leihgabe aus Seiner Liebe ganz allmählich zurück. Aber Er bestraft nicht, Er zerschlägt nicht, Er verdammt nicht – der liebende Vater reicht allen Seinen Kindern die Hand. Die Liebe holt heim, nicht die Strafe. Aus Liebe hat der Ewige Seine Kinder gewähren lassen, aus Liebe ruft Er sie, und aus Liebe zu Ihm kommen sie wieder zurück.

So wie der Ewige Seinen Kindern durch die Zeiten der Zeiten die Hand gereicht hat, so reicht Er sie ihnen heute. So wie Er in Seinem Ewigen Wort in den Zeiten der Zeiten durch Seine Gottespropheten das Wort der Liebe gesprochen hat, so wird Sein Wort der Liebe heute offenbar im sichtbaren Heiligtum auf dieser Erde, im *Zelt Gottes unter den Menschen für alle Völker dieser Erde, in der Bundeslade des Freien Geistes.*

Das Zelt Gottes unter den Menschen für alle Völker dieser Erde, die Bundeslade des Freien Geistes, ein Angebot für alle Menschen aller Kulturen

In der *Bundeslade des Freien Geistes, im Zelt Gottes unter den Menschen für alle Völker dieser Erde* ist das Wort Gottes, Sein Wort der Liebe, bewahrt. Es ist der Schatz aus dem Reich Gottes, gegeben in dem großen Zyklus der Gottespropheten von Abraham bis Gabriele über 4000 Jahre und in ganzer Fülle erneut offenbart in unserer Zeit in über 40 Jahren durch die göttliche Weisheit.

In unserer Zeit, am Beginn des messianischen, sophianischen Zeitalters, macht uns das Reich Gottes die Entscheidung, den Weg zum Herzen Gottes zu gehen, leichter als je zuvor. Denn noch nie in der bekannten Menschheitsgeschichte gab es eine solche Fülle von Aufklärung und Schulung über das Reich Gottes, über unsere wahre göttliche Herkunft und über den Weg zurück in unsere ewige Heimat, solch detaillierte Erklärungen und Hilfen, so viele Schulungen und Übungen wie heute durch Sophia, die göttliche Weisheit, durch die große Lehrprophetin Gottes Gabriele. Alles ist unverfälscht aufgezeichnet und dokumentiert für heute und für die kommende Zeit für alle Menschen aller Völker und Kulturen in der *Bundeslade des Freien Geistes, im Zelt Gottes unter den Menschen mit der Sophia Bibliothek*.

Vor Gott sind alle Menschen gleich, doch ihre Mentalitäten sind verschieden. Und jeder Mensch hat sein individuell geprägtes Bewusstsein. Mancher fühlt sich mehr im Herzen von dem angesprochen, was er in den Büchern und Schriften liest. Andere sind ergriffen von den Worten aus dem Gottesgeist durch die Stimme Gabrieles in den Originalaufzeichnungen der göttlichen Offenbarungen und Meditationen, wieder andere sind beeindruckt von der göttlichen Intelligenz der Weisheit in den Schulungsstunden, die Gabriele aus dem erschlossenen geistigen Bewusstsein gegeben hat.

Das Ewige Wort aus dem Reich Gottes und das umfassende universelle Bewusstsein Gabrieles erreichen auf unterschiedliche Weise die Seele in jedem Menschen. Jeder findet in den Bild- und Tonträgern und in den Schriften in der *Bundeslade des Freien Geistes* das für seine Situation hilfreiche gesprochene oder geschriebene

Wort. Jeder kann frei und unbeeinflusst entscheiden, ob und wie viel er davon hören oder lesen möchte. Für alle, die die *Bundeslade des Freien Geistes mit der Sophia Bibliothek* besuchen wollen, seien hier nochmals auszugsweise die Worte Gabrieles wiederholt:

„Wenn Sie wollen, lassen Sie sich von Ihrem Tag führen, von Buch zu Buch oder an die verschiedenen Inseln mit Ton und Bild, um zu hören, hören, schauen, schauen. Sie sind gefragt. Es begleitet Sie keine Aufsicht, kein Lehrer, niemand – Sie sind Ihr eigener Lehrmeister."

Hier kann nicht alles aufgezählt werden, was aus dem Reich Gottes durch Gabriele auf die Erde gekommen und in der *Bundeslade des Freien Geistes* zugänglich ist. Einige der Perlen, welche der Suchende findet, der sich entschieden hat, aktiv den Weg der Selbstschulung zur Bewusstseinserweiterung einzuschlagen, wurden auf den vorhergehenden Seiten schon angesprochen.

Einige weitere aus der Fülle der in der *Bundeslade des Freien Geistes* aufbewahrten Schriften und Tondokumente sollen hier stellvertretend für viele andere vorgestellt werden:

Das umfassende Schulungswerk für den aktiven Weg zu Gott, den Inneren Weg, ist das bereits erwähnte große Lehrwerk ***Der Innere Weg zum kosmischen Bewusstsein***. Es ist das Grundlehrwerk für den Inneren Weg auf den vier Grundstufen der Evolution, der Bewusstseinserweiterung, von der Stufe der Ordnung über die Stufen des Willens und der Weisheit bis zur vierten Evolutionsstufe des Ernstes, der umfassende Schulungsweg im Christus-Gottes-Werk, gegeben durch die göttliche Weisheit.

Der Cherub der göttlichen Weisheit hat diesen Weg im prophetischen Wort Gabrieles offenbart. Die Lehrprophetin Gabriele hat die einzelnen Lernschritte erläutert aus ihrem erschlossenen Bewusstsein und aus dem unerschöpflichen Potential, das sie sich in zahllosen vorbereitenden, oft sehr leidvollen Vorinkarnationen im Dienste des Reiches Gottes in den letzten rund 2000 Jahren erworben hat. ***Der Innere Weg zum kosmischen Bewusstsein*** ist das Buch für den Gottsuchenden, der sein Leben durch den „aktiven" Glauben mehr und mehr auf Gott in uns ausrichten möchte. Wer darüber nachdenkt, ob er sich auf diesen intensiven Lernweg zum kosmischen Bewusstsein begeben möchte, hat in der *Bundeslade des Freien Geistes, im Zelt Gottes mit* *der Sophia Bibliothek* die Möglichkeit, in aller Freiheit die Worte Gabrieles und des Cherubs der göttlichen Weisheit am Beginn dieses nahezu 1000 Seiten umfassenden Werkes zu lesen, um entscheiden zu können, ob er bereit ist, diesen intensiven Weg mit Christus zu gehen, aus Liebe zu Gott und mit Disziplin und heroischem Opfermut.

Der Cherub der göttlichen Weisheit spricht dort zu den Schülern, die am Beginn des Inneren Weges stehen:

„Viele von euch wägen ab, ob der Pfad der Liebe zu Gott wohl der richtige sei, ob sie wohl schon die richtige Aufbereitung für den Inneren Weg mitbringen und die Voraussetzungen erfüllen.

Freunde, gerufen ist jede Seele durch die Erlösung Christi. Berufen sind die Seelen und die Menschen, die ihr Leben ernsthaft und bewusst auf Gott, die innere Quelle, ausrichten durch die Verwirklichung der heiligen Gesetze. Wird der Pfad der Liebe bewusst und zielstrebig beschritten, ohne Fanatismus, dann ist der Schüler berufen.

Liebe Schwester, lieber Bruder! Prüfe dich also, ob du bereit bist, die Höhen und Tiefen deines menschlichen Ichs zu durchwaten und zu durchforschen, so dass du durch Selbsterkenntnis und Verwirklichung dem göttlichen Ziel entgegenreifst.

JA

Der Pfad der Liebe ist der Pfad des Hineinwanderns zum Königreich des Inneren; Liebe ist die höchste Quelle im Universum."

Gabriele spricht uns Mut zu, diesen Weg zu beschreiten, sie bereitet uns auch auf die Hürden vor, die uns begegnen werden und wie wir sie überwinden können. Dazu einige Sätze aus Gabrieles Unterweisungen:

„Liebe Schwester, lieber Bruder, uns ist geboten, die innere Liebe, die selbstlose Liebe, die Gottesliebe, zu entfalten. Das bedarf unseres heroischen Opfermutes. Wir müssen mit unserer niederen Natur kämpfen, um uns letzten Endes selbst zu besiegen.

Mit uns und in uns jedoch siegt Christus. Er schenkt uns Sein Licht, Seinen Frieden und Seine Liebe. Gott sandte Seinen Sohn, damit Er uns zurückführe, hin an das Herz Gottes, unseres Vaters, der uns wieder bei sich im Lichte der Wahrheit haben möchte als Seine bewussten Ebenbilder."

Gabriele erklärt auch, was „heroischer Opfermut" bedeutet:

„Heroischer Opfermut bedeutet auch: Habe Mut zur Selbsterkenntnis! Habe Mut, und nimm das Schwert der

selbstlosen Liebe! Trenne damit die vielen Köpfe vom Rumpf der Schlange: Die Eigenliebe, die Ichsucht, den Neid, den Hass, die Begierden und Leidenschaften!"

Das Bild der Schlange, das Gabriele hier verwendet, kann man auch als eine bildhafte Darstellung des dämonischen Zahlencodes betrachten, der uns in Beschlag nimmt und der nur mit heroischem Opfermut und aus Liebe zu Gott zu überwinden ist.

Wer einen kompakten und doch ausführlichen Gesamtüberblick über den Schulungsweg zum kosmischen Bewusstsein sucht, der findet ihn in der 5-bändigen Buchreihe ***Die Lebensschule zur Lebensbemeisterung*** mit dem Untertitel ***Der Weg zum kosmischen Bewusstsein***. Es ist ein Schulungszyklus Gabrieles mit vielen Beispielen und Erläuterungen, der als Mitschrift einer Fernsehreihe entstanden ist.

In dieser Schulungsreihe bringt uns Gabriele in ihrer unvergleichlichen, zu Herzen gehenden und gleichzeitig umfassend aufklärenden Art das grundlegende geistige Wissen nahe und klärt uns auf über unsere göttliche Herkunft und den Sinn unseres Erdenlebens. Einige Auszüge sollen hier wiedergegeben werden:

„So mancher wird angesichts des Titels sagen: »Lebensbemeisterung! Ja, das wünsche ich mir! Doch was hat es mit dem kosmischen Bewusstsein auf sich? Darunter kann ich mir noch nichts vorstellen.«

Viele Menschen sind sich bewusst: Sie sind nicht nur von dieser Welt. Viele wissen, dass nach dem Leibestod die Seele des Menschen ihren Weg ins Vaterhaus, ins Reich Gottes, fortsetzt – in einer der Reinigungsebenen, oder sie geht zu einer weiteren Einverleibung.

Das kosmische Bewusstsein ist Gott. Auf die Frage hin: »Was haben denn wir mit dem kosmischen Bewusstsein zu tun?« zucken manche die Achseln und meinen: »Wenig oder gar nichts.« Doch das trifft nicht zu, im Gegenteil: sehr viel. Denn Gott, der unser Ewiger Vater ist, hat das reine Wesen im Urgrund unserer Seele als Seinen geistigen Sohn oder Seine geistige Tochter, jeden in seiner göttlichen Mentalität, geschaut und geschaffen. Jeder von uns besitzt in seiner Seele alle göttlichen Lichtkräfte des Seins als Essenz. Wir – jeder Einzelne von uns – sind also unserem Ursprung nach kosmische Wesen im kosmischen All-Bewusstsein, teilhaftig der göttlichen All-Kraft und somit Erben der Unendlichkeit.

»Kosmisches Bewusstsein« signalisiert uns, Erben des Reiches Gottes zu sein.“

Genauso anschaulich und von unwiderlegbarer Logik sind die Worte Gabrieles, mit denen sie beschreibt, welche Aufgaben den Schüler in der Lebensschule zur Lebensbemeisterung erwarten und welches Ziel er anstrebt. Sie erinnert an die Worte des Jesus von Nazareth:

„Seid vollkommen, wie euer Vater im Himmel vollkommen ist." Und: *„Das Reich Gottes ist inwendig in euch"*, und an das Ziel, das sich daraus für unser Leben ergibt: *„Wir sind auf Erden, um wieder göttlich zu werden."*

Die ersten Schritte auf diesem Weg, um wieder göttlich zu werden, beschreibt Gabriele in den Worten:

„Der Innere Weg ist ein Weg der Selbsterkenntnis. Um Schritte auf dem Inneren Weg zu tun, setzt das also voraus, dass wir zunächst gelernt haben, uns selbst zu erkennen. Jeder muss erfahren, was es heißt, sich zu hinterfragen und so zu ergründen, ob seine Worte seinen Gedanken entsprechen oder ob seine Gedanken seinen Gefühlen, seinen Wünschen, seinen Empfindungen entsprechen.

Haben wir unsere Widersprüchlichkeiten entdeckt, so heißt es, kritisch zu beurteilen: Ist es gut oder ungut? Erst wenn wir unseren Hintergründigkeiten, unseren eigenen Fehlern, Mängeln und Schwächen, unseren unsauberen

Motivationen ins Auge blicken und diese den Geboten Gottes und den Lehren des Jesus, des Christus, in Seiner Bergpredigt gegenüberstellen, wissen wir, was wir auf dem Weg zu unserem wahren Selbst im Einzelnen zu lernen haben. Es kommt nämlich darauf an, das, was wir – vor uns selbst und vor anderen – verbergen, das, was an Ungöttlichem hinter unseren Worten, hinter unseren Gedanken steht, mit der Kraft des Christus Gottes zu bemeistern.

Wie geschieht das? Durch Bereuen, Bereinigen, indem wir um Vergebung bitten und vergeben und indem wir das Ungute nicht mehr tun.

Alles, aber auch alles, was uns am Tag begegnet, was wir sehen, was wir hören, mit wem wir sprechen, aber auch was wir riechen, was wir schmecken, was wir betasten, das uns bewegt, das Gedankenreaktionen oder Worte auslöst, die ungut sind, will uns etwas sagen. Daraus wird das offenbar, was wir bisher an uns nicht erkannt haben und nun erkennen dürfen, um uns wieder unserem Ursprung zu nähern, um also wieder göttlich zu werden.

Sind wir auf diesem Weg der Selbsterkenntnis und Selbstbemeisterung, dann werden wir mit wacheren Sinnen unseren Mitmenschen begegnen.

Wir vermögen dann auch zunehmend mit dem Innersten in unseren Mitmenschen, mit den reinen Aspekten in seiner Seele, Kommunikation aufzunehmen, weil uns mehr und mehr bewusst wird: Im Innersten eines jeden Menschen, einer jeden Seele ist das Geistwesen – es ist unser Bruder, unsere Schwester aus der ewigen Heimat. Mit der Zeit wird auch der Wunsch in uns erwachen, keinen Mitmenschen mehr abzuwerten. Passiert es uns dennoch, so werden wir das aufgrund unserer positiven Eingaben immer rascher erkennen, und es wird uns leid tun, so gedacht und gefühlt zu haben. Ebenso wird es uns mit Anflügen von Missachtung eines unserer Nächsten ergehen.

Das bringt es mit sich, dass wir nicht mehr so oft negativ reden oder einen anderen zu Unrecht beschuldigen. Wir werden insgesamt wachsamer gegenüber unserem eigenen Verhalten. Was gut und richtig ist, werden wir den Geboten Gottes und der Lehre des Jesus, des Christus, entnehmen, und wir werden die Inhalte unseres Denkens und Tuns immer konsequenter daran messen.

Nun geht es um den Weg, die Schritte zu unserem wahren Ziel zu tun. Das wahre Ziel ist der Ursprung, ist das Sein, ist die Herkunft dessen, was im Urgrund unserer Seele atmet."

Sie sehen an diesen Auszügen, wie komplex und ergreifend, wie verständlich einleuchtend und aufmunternd die Lehrprophetin Gottes die Sehnsucht weckt, den Inneren Weg zu Gott zu beschreiten. Weil manches, was Gabriele erklärt, für manchen neu ist und jeder sich unter einem Wort, einem Begriff eventuell etwas anderes vorstellt, erinnert Gabriele auch hier immer wieder daran, auf die Inhalte der Worte zu achten, nicht auf die Schale.

Und nirgendwo gibt es ein „du musst!“. Niemand muss etwas glauben, niemand muss etwas tun – immer bleibt der freie Wille jedes Einzelnen gewahrt. Dementsprechend liegt es auch an jedem Einzelnen, was er aus seinem freien Willen, aus seinem Leben macht. Zur Erinnerung nochmal der Satz: Machen wir uns nichts vor, wir sind gefragt – nicht der andere!

Eine Entscheidungshilfe kann eine weitere Schulung sein:

Der Weg zum kosmischen Bewusstsein – Glück, Freiheit, Friede, so lautet der Titel einer dreibändigen Reihe, die ebenfalls im Zusammenhang mit einer Fernsehreihe entstand. Gabriele gibt darin autobiographische Einblicke in ihr Leben und lehrt aus ihrem erschlossenen

Bewusstsein für alle Menschen dieser Erde, die ihr Herz für Christus, den ewigen, gütigen und helfenden Geist, öffnen und auf dem kosmischen Weg mit Seiner Kraft ihr Leben zum Positiven wenden möchten. Gabriele vermittelt darin die Erkenntnis, dass jeder die Chance wahrnehmen kann, in der Kürze der verbleibenden Erdenzeit in seinem Innersten, im Urgrund seiner Seele, Gott und zugleich seinem eigenen ursprünglichen Wesen näher zu kommen.

Unter dem Titel ***Die redende All-Einheit, das Wort des Universalen Schöpfergeistes*** entstand ein weiteres grundlegendes großes Schulungswerk, das eine Zusammenstellung aus vielen intensiven Gesprächen und Schulungen mit Gabriele enthält. Die Beschreibung dieses Buches auf der Buchrückseite fasst den Inhalt so zusammen:

„Was die Religionen, die Philosophen und die Wissenschaft seit ihrem Bestehen nicht nachvollziehbar erklären können – die großen geistigen Zusammenhänge des Lebens – wird hier aus den Gesprächsrunden mit Gabriele in diesem kosmischen Lehr- und Lernwerk genial behandelt und hervorragend erklärt. Und nicht nur das: Der Weg zurück in die ewige Heimat wird stimmig aufgezeigt."

Gabriele gibt in diesem Werk Einblicke, gleichsam durch einen „geistigen Türspalt", in den Aufbau des siebendimensionalen Reiches Gottes und das Leben der reinen göttlichen Wesen in der All-Kommunikation mit allem Sein, ebenso wie in die Entstehung der dämonischen Bereiche mit der Welt, in der wir leben, in der das göttliche Prinzip der Liebe und Freiheit umgepolt ist. Und sie zeigt den Weg auf, wie auch wir Menschen wieder in die All-Einheit des göttlichen Lebens zurückfinden können. Durch die umfassende Aufklärung über die geistigen Zusammenhänge wird das Ziel dieses Weges zurück ins Reich Gottes im Leser lebendig und erfassbar, und der Weg dorthin drängt sich als einzige logische Konsequenz für jede Seele und für jeden beseelten Menschen geradezu auf.

Wie er diesen Weg zum Herzen Gottes gehen kann, dazu findet der Suchende in der *Bundeslade des Freien Geistes* zwei sehr intensive Anleitungen:

Finde zum Ur-Licht in dir – Die Handreichung Gottes ist ein einzigartiges Juwel aus dem Reich Gottes aus der göttlichen Weisheit, gegeben und gesprochen von Gabriele. Gabriele spricht das Wort der Urkraft, das

Gesetzeswort aus Gott, das nach innen in das Reich des Friedens führt, in die ewige Heimat, die keine Schatten kennt, in der das Ur-Licht leuchtet und alle Wesen und alles Sein durchstrahlt.

Diesen Gesetzesweg spricht Gabriele in 13 Schulungstexten von der Stufe der göttlichen Ordnung bis zum göttlichen Ernst an. Die Schulungstexte sind aufgezeichnet auf Tonträgern und in Schriftform in einem Buch zusammengefasst.

Ein weiteres, ganz besonderes Buch trägt den Titel: ***Das Wort des Christus Gottes an die Menschheit, bevor diese Welt vergeht. Näher zu Gott in dir***. Mit diesen Worten leitete der Christus Gottes selbst Seine Offenbarung des „kurzen" Inneren Weges aus dem Jahr 2005 ein, die in dem Buch wiedergegeben ist, zusammen mit den Erläuterungen Gabrieles, die sie in einem kleinen Kreis von Urchristen dazu gegeben hat. Es ist eine Schulung für Menschen, die ernsthaft bestrebt sind, die Anweisungen des Christus Gottes „für ein höheres Leben" in ihrem Denken, Reden und Tun täglich umzusetzen. Aus den einführenden Worten zu diesem Buch sind die folgenden Auszüge entnommen, die einen Überblick über seinen Inhalt geben:

„In einer mächtigen Offenbarung richtete der Christus Gottes Sein Wort an die Menschheit, bevor diese Welt vergeht. Er hielt der heutigen Priesterkaste den Spiegel ihrer Gräueltaten vor, der heute ein ähnliches Bild ergibt wie vor 2000 Jahren:

Die heutigen Priester sind die Abkömmlinge von Abkömmlingen von Abkömmlingen, die die wahren Propheten verfolgten und verfolgen, das Volk aufhetzten und aufhetzen, Jesus kreuzigen ließen, das Wort Gottes verdrehten und verdrehen und dem Volk die Götzenlehre predigten und predigen. Er klagte an, dass sie Menschen und Völker bestehlen und ihren Reichtum anhäufen und ungerührt zusehen, wie ganze Völker an Hunger, Krankheit und Seuchen sterben. Er hielt ihnen vor, wie sie heuchlerisch und in goldverbrämten Talaren sich erhöhen und als Falschmünzer und Götzendiener den einen Gott für ihren Götzenkult missbrauchen. Er sagte den blinden Blindenführern und ihren Untertanen und Lemmingen das Ende voraus und kündete von dem Sieg der Wahrheit.

Er, der Geist der Wahrheit, gab in dieser mächtigen Zeitenwende das Wort der Wahrheit durch eine Frau, die Er zu Seiner Prophetin machte, und lehrte und lehrt die Menschen den nahen Gott.

Nach Seiner Abrechnung mit den Abkömmlingen von Abkömmlingen von Abkömmlingen der Priesterkaste und deren Abhängigen sprach der Christus-Gottes-Geist noch einmal von Seiner schlichten und genialen Lehre – gleichsam eine Kurzfassung des Inneren Weges, den Er uns in unserer Zeit in den zurückliegenden Jahren in allen Einzelheiten nahegebracht hat. Diese Kurzfassung des Inneren Weges ist ein großer Bogen, der gestützt wird von der göttlichen Lebensregel: »Was du nicht willst, dass man dir tu', das füg´ auch keinem anderen zu.«

Wer diese Kurzfassung des Inneren Weges unseres Erlösers Jesus, des Christus, an- und aufnimmt und im Alltag erfüllt, der bedarf nicht mehr des lauten Brimboriums, das die Menschen nach außen führt und Sein Wirken und Leben als Jesus von Nazareth mit Riten, Dogmen und Zeremonien zudeckt. Seine Worte führen uns heraus aus den dunklen Gemäuern der Kirchen und Dome, hin zum Licht, das im Innersten eines jeden Menschen im Urgrund unserer Seele leuchtet.

In Seiner Offenbarung sagt Christus, dass Er in diesem kurzen Inneren Weg »Anweisungen für das höhere Leben gibt«. Das Wort des Herrn, des Christus Gottes, wird im Herzen, im Bewusstsein derer lebendig, die bestrebt sind, Ihm nachzufolgen. Sie wissen, dass in Seinem Wort für

Menschen, die es an- und aufnehmen, die unendliche Kraft und das Licht Gottes wirksam ist. Die göttliche Energie strömt jenem willigen Menschen zu, der bestrebt ist, Seine Weisungen im täglichen Leben, im Denken, Reden und Tun, umzusetzen und somit fruchtbar werden zu lassen."

Weitere Schriften zur Selbstschulung

Wer sich nicht sofort mit den umfassenden und detaillierten Offenbarungen und Darlegungen der Schulungen des Inneren Weges befassen möchte, sondern zunächst einen Überblick gewinnen und sich langsam mit dem offenbarten Wort Gottes vertraut machen möchte, der wird in der *Biographie des Christus-Gottes-Werkes im Zelt Gottes mit der Sophia Bibliothek* ebenfalls in reichem Maße fündig.

In dieser Schrift ist immer wieder von dem Freien Geist, Gott in uns, die Rede als eine unwiderlegbare Tatsache, die man dem Nächsten nicht beweisen, sondern nur in sich selbst erfahren kann. Wem diese Worte noch fremd erscheinen, weil er durch religiöse Prägung eine ganz andere Vorstellung von Gott hat oder weil er, von dem „Gott“ der Religionen enttäuscht, die Existenz des wahren Gottes in Abrede stellt, der kann in zahlreichen Schriften Gabrieles selbst erfahren, wie die göttliche Weisheit in vielfacher Weise jedem einen Weg eröffnet zum Verständnis der Worte: *Der Freie Geist, Gott in uns.*

Ein Beispiel dafür ist das gleichnamige Buch ***Der Freie Geist – Gott in uns***, das eine Mitschrift einer Fernsehreihe enthält. Gabriele geht darin auf immer wieder aufgeworfene Fragen ein wie: Gibt es einen Gott? Wo ist Gott? und auch: Warum greift Gott nicht ein?

Hierzu einige Beispiele aus dem Buch. Wir Menschen sind uns zum Beispiel nicht bewusst, dass wir in dem großen Ozean Gott leben. Gabriele weist in dem Zusammenhang auf das Gleichnis der Fische in der großen Christus-Offenbarung ***Das ist Mein Wort. Alpha und Omega. Das Evangelium Jesu*** hin, das Jesus von Nazareth Seinen Jüngern gab:

„Hört dieses Gleichnis von den Fischen. Die Fische eines Flusses sprachen miteinander und sagten: Man erzählt uns, dass unser Leben und Sein vom Wasser komme, aber wir haben nie Wasser gesehen, wir wissen nicht, was es ist. Da sprachen etliche von ihnen, welche klüger

waren als die anderen: Wir haben gehört, dass im Meere ein kluger und gelehrter Fisch lebt, der alle Dinge kennt. Lasset uns zu ihm gehen und ihn bitten, dass er uns das Wasser zeige.

So machten sich einige von ihnen auf, um den großen und weisen Fisch zu suchen, und sie kamen endlich in die See, wo der Fisch lebte, und sie fragten ihn.

Und als er sie gehört hatte, sprach er zu ihnen: Oh, ihr dummen Fische, dass ihr nicht denkt! Doch klug seid ihr wenigen, die ihr sucht. Im Wasser lebt ihr und bewegt ihr euch und habt ihr euer Dasein; aus dem Wasser seid ihr gekommen, zum Wasser kehret ihr wieder zurück. Ihr lebt im Wasser, aber ihr wisst es nicht. In gleicher Weise lebt ihr in Gott, und doch bittet ihr Mich: Zeige uns Gott. Gott ist in allem, und alles ist in Gott."

Gabriele sagt dazu:

„Wir leben im großen Lebensstrom, der Elemente, Natur, Tiere und Menschen umfasst, und wissen dennoch oftmals nicht, wo unser Schöpfer ist, der Schöpfer des Himmels und der Erde, der Schöpfer der Natur, der Tiere. – Gott ist in allem. Ein wesentlicher Schritt ist getan, wenn wir nicht mehr suchen, sondern uns bewusst werden, dass alles die große Einheit ist, die GOTT heißt."

Gabriele gibt auch in diesem Buch viele Hilfen, wie wir zu diesem Bewusstsein gelangen können:

„Menschen fragen immer wieder an: Wo sollen wir hingehen, wenn der Geist Gottes, der Christus Gottes, doch im Urgrund unserer Seele wohnt? Wie können wir Ihn erreichen?

Der Christus Gottes in Jesus von Nazareth gab uns einen wunderbaren Weg, der einwärts zum Urgrund unserer Seele führt. Es ist die Herzenskommunikation, über die jeder Mensch die lebendige Verbindung zum Ewigen Geist in sich aufbauen kann.

Möchten Sie Gotteserfahrung machen, dann nehmen Sie Folgendes in Ihr Bewusstsein auf – es sind die Worte des Jesus von Nazareth: »Geh in deine Kammer, wenn du betest, und schließe die Tür zu. Dann bete zu deinem Vater, der im Verborgenen ist. Dein Vater, der auch das Verborgene sieht, wird es dir vergelten!«

Gabriele verweist auf die Menschen, die diese Erfahrung gemacht haben:

„Viele Menschen haben es bereits ausprobiert – im Gebet, in der Hinwendung: Gott in uns. Wer in dem innigen Bestreben nicht locker lässt, Gott in sich zu finden

durch die schrittweise Verwirklichung der Gebote Gottes und der Lehren des Jesus von Nazareth, spürt allmählich Gott in sich – Gott in uns allen."

Manchen Menschen fällt es leichter, über die Tiere und über die Natur den Zugang zum Bewusstsein des All-Ozeans Gott zu finden. In dem Büchlein ***Die allumfassende kosmische Bibliothek: Der All-Ozean Gottes*** wird der Leser zu der Erkenntnis geführt, dass die Einheit des Menschen mit den Tieren und der Natur ein wesentlicher Aspekt des Lebens aus Gott ist. Einige Sätze aus diesem Büchlein:

„Die heutige Welt ist zerrüttet und die Erde geschunden durch den Intellekt des Menschen, der sich anmaßt, die Krone der Schöpfung zu sein. Gerade Tiere leiden unter der Prämisse »Ich bin mir selbst der Nächste«, aber auch die Natur, die gesamte Erde leidet.

Wie laut auch das intellektuelle Gekrähe ist – Tiere bleiben intelligente Geschöpfe, die in ihrem Urwesen in Kommunikation mit dem ewigen Schöpfer stehen, dem All-Ozean des Seins, und somit mit allen Universen. Alle Lebensformen der Natur und alle Lebewesen aus Gottes Schöpfung wollen mit uns Menschen in Frieden und Einheit leben, denn wahres Leben ist Einheit, ist das Sein."

Manche Menschen erhalten durch eine Krankheit bei sich selbst oder in ihrem Lebensumfeld den Anstoß, über den Sinn und die Vergänglichkeit des Erdenlebens nachzudenken und nach Antworten zu suchen, auch auf die Frage nach der Ursache von Krankheit und Leid. Wer an Jesus, den Christus, glaubt und an den liebenden Vater, den Er der Menschheit nahe gebracht hat, weiß, dass die Antworten, die er auf diese Fragen bei konfessionellen Talarträgern erhält, nicht stimmen können. Diese machen mit Floskeln wie vom „unergründlichen Ratschluss Gottes" und anderen letzten Endes Gott verantwortlich und wiegeln die Frage nach dem „Warum" mit der infamen Behauptung von einem angeblichen „Geheimnis Gottes" ab. Ein liebender Vater sendet Seinen Kindern aber keine Krankheit und kein Leid, und Er macht schon gar kein „Geheimnis Gottes" daraus, wie es konfessionelle Statementabgeber ständig behaupten. Gott, der Ewige, ist die Liebe und Güte, Er kennt nichts Ungutes, und Er hat nichts zu verbergen. Geheimnisse zelebrieren nur die, die selbst im Trüben fischen.

Ein liebender Vater hilft seinen Kindern, aus Krankheit und Leid, aus Trübsal und Not herauszufinden, und Gott, der Ewige, Sein Sohn Christus und der Cherub der göttlichen Weisheit haben dazu durch Gabriele neben zahllosen Offenbarungen und Heilmeditationen weitere zahlreiche Hilfen und Aufklärungen in schriftlicher Form gegeben.

In einer ganzen Reihe von Büchern legt Gabriele dar, weshalb es in unserem Erdenleben zu Krankheit, Not und Schicksalsschlägen kommen kann, wie wir aber durch den aktiven Glauben die Selbstheilungskräfte in uns entfalten und unser Leben zum Positiven wenden können.

Konkrete Hilfen findet der Leser z.B. in dem Buch ***Du selbst bist deine Krankheit und deine Gesundheit – Doch Gott ist mit dir*** und in dem Buch ***Glaubensheilung – die Ganzheitsheilung*** sowie in dem Büchlein mit dazugehöriger CD ***Der Matrix-Mensch, Leitbild zur Gesundheit. Mal anders meditieren – aktiv meditieren.***

Alle diese Schriften vermitteln dem Leser die Erkenntnis, dass alles, was ihm widerfährt, mit ihm selbst zu tun hat. Er lernt, die Ursachen zu erkennen, deren Wirkungen auf ihn zukommen. Vor allem aber geht es darum, mit der Hilfe von Christus diese Ursachen zu bereinigen und seine Verhaltensweisen zu ändern und sich dadurch auszurichten auf Gott in uns, die Heilquelle in Seele und Leib. Es geht also auch bei Heilung und Gesundheit um den „inneren Weg", durch Selbsterkenntnis, Selbstschulung zur Bewusstseinserweiterung und in das schrittweise Hineinwachsen in die Erfüllung des Gebotes der Gottes- und Nächstenliebe.

In dem Buch ***Gott heilt*** legt Gabriele dies in konzentrierter Form in einer intensiven Schulung dar. Mit einfühlsamen Worten gibt Gabriele dem Suchenden Trost und Zuversicht:

„Öffnen wir uns für Gott, den Geist, indem wir unsere Empfindungs- und Gedankenwelt höhertransformieren, das heißt, indem wir uns bemühen, edel, rein und gut zu denken und das auszusprechen, was wir mit unseren Empfindungen und Gedanken bejahen können, dann finden wir zum Ursprung des Lebens, zum Geist. Dann öffnen wir uns für die ewige Kraftquelle und erlangen Linderung und Heilung."

Schritt für Schritt führt Gabriele den Leser auf diesen Weg der Linderung und Heilung mit der Hilfe des Christus Gottes, der der Innere Arzt und Heiler in jedem Menschen ist:

„Wollen wir gesund werden und unseren Körper zur Heilung durch den Geist anregen, dann müssen wir diese Gesetze des Lebens anerkennen: Die negativen, heruntertransformierten Kräfte wirken störend auf Seele und Leib ein. Die positiven Kräfte, die reinen Gotteskräfte, stärken Seele und Leib und regen zur Gesundheit an, so dass die Heilung von innen nach außen erfolgen kann durch die Kraft Gottes in uns."

An vielen praktischen Beispielen zeigt Gabriele, wie wir unser falsches Denken und Handeln, das in die Krankheit führt, erkennen können.

Es ist ein intensiver Schulungsweg, der die Gesetzmäßigkeiten der Gesundung von Seele und Körper darlegt und dem Suchenden den Weg dazu aufzeigt:

„So müssen wir uns bemühen, durch ein lauteres Leben, durch Gebet und Meditation, durch positive Gedanken und Handlungen unser Bewusstsein auf eine höhere geistige Ebene in die feine, hohe Strahlung Gottes zu erheben. Dann werden sich auch die äußeren Krankheitsbilder wandeln, und wir werden Licht in das lichtarme Leben vieler Menschen bringen."

Ein wahrhaft großes und grundlegendes Schulungsbuch, das den Heilungssuchenden umfassend in die kosmischen Zusammenhänge einführt, die dazu geführt haben, dass wir uns überhaupt mit Erscheinungen wie Krankheit und Not konfrontiert sehen, ist die bereits erwähnte große Christusoffenbarung über Ursache und Entstehung aller Krankheiten in dem Buch ***Worte des Lebens für die Gesundheit von Seele und Körper***.

Vom Beginn der göttlichen Seins-Schöpfung, dem Leben der geistigen Wesen in Freiheit und Einheit in den reinen Himmeln, über das Fallgeschehen bis in unser Dasein im materiellen Universum auf dieser Erde im Gesetz von Saat und Ernte gibt Christus bis dahin unbekannte tiefe und weitgehende Einblicke, deren Kenntnis zum Verständnis von Ursache und Entstehung aller Krankheiten führt. Und auch zum Verständnis der Hinweise des Reiches Gottes, die zur Linderung und Heilung führen können.

Alles, was der Mensch gegen das göttliche Gesetz des Lebens, der Gottes- und Nächstenliebe denkt, spricht und tut, hat Auswirkungen auf seinen Nächsten und seine Umwelt, es kommt auch auf ihn selbst zurück, eventuell in Form einer Krankheit.

In Seiner Offenbarung, die seit ihrer ersten Veröffentlichung im Jahr 1986 schon Tausende von Menschen gelesen haben, offenbart Christus:

„Damit immer mehr Seelen und Menschen sich selbst erkennen und den Ursprung ihres Lebens erfahren und in sich erleben, offenbare Ich Mich, Christus, der Sohn des lebendigen ewigen Vaters, der Mitregent der Himmel, der Erlöser aller Seelen und Menschen. Damit Seelen und Menschen die Gesetze der Liebe und des Lebens richtig verstehen und annehmen lernen, gebe Ich immer tiefere Einblicke in das ewig waltende Gesetz, das Leben.

Auch diese Offenbarung aus Meinem Geiste soll wieder Einblicke in das Leben des Geistes geben – und vielen Seelen und Menschen zur inneren Freiheit und zu dem Leben im Geiste Meines und ihres Vaters verhelfen. Seelen und Menschen sollen sich der Kraft der Empfindungen, Gedanken, Worte und Handlungen bewusst werden, die ihr Leben gestalten, die sie frei machen können – oder ihnen Not, Elend, Sorge und Krankheit bringen, je nachdem, wie die Seele empfindet und der Mensch denkt und handelt.

Der Mensch ist der Erbauer und Gestalter seines eigenen Schicksals. Seine Empfindungen, Gedanken, Worte und Handlungen sind die Bausteine für ein glückliches Leben – oder für ein Leben in Not, Elend, Krankheit und Leid. Was sich in der Seele befindet, Licht oder Schatten, wird ihm in einem seiner Erdenleben offenbar.

Mein Offenbartes sollte dem Sinn nach erkannt und verstanden werden, damit die tiefen Weisheiten hervortreten, die viel mehr aussagen als der Buchstabe selbst. Das Wort als solches sagt wenig aus. Die Schwingung, die von Mir, dem ewigen Geist, in das Wort strömt, lässt die tiefen Weisheiten erkennen, die Wahrheit.

Was der Mensch aus Meinen Worten, die Schwingungen sind, zu erfassen und zu verstehen vermag, erweckt Seele und Mensch zum Leben in Mir, dem Geist. Der Mensch wird aufnahmebereit für die ewige Wahrheit; denn wer aus der Wahrheit ist, der kennt Meine Stimme.

Meine Schafe kennen Meine Stimme."

Eine weitere Offenbarung, gegeben vom Cherub der göttlichen Weisheit, mit dem Titel ***Erkenne und heile dich selbst durch die Kraft des Geistes***, ist für die Menschen gegeben, die sich ernsthaft bemühen, Schritt für Schritt ein Leben nach den Gesetzen Gottes zu führen. Ihnen vermittelt die göttliche Weisheit tiefere Kenntnisse über die Wirkung des fließenden, ewig geistig-göttlichen Äthers, der zugleich Heil- und Lebenskraft ist, auf Seelen- und Menschenkörper. Zahllose konkrete Aufklärungen erhält der Leser über die rechte Lebensweise, um gesund und geistig rege zu bleiben, über Verhaltensweisen und Heilmittel bei bestimmten Erkrankungen, immer auch im Hinblick auf die jeweils zugrunde liegenden Ursachen.

Über allem steht aber immer die Erkenntnis der Wahrheit:

„Ohne Erfüllung der heiligen Gesetze Gottes gibt es keine Befreiung von Krankheit, Not, Trübsal und Sorgen. Einzig und allein die Erfüllung der Gesetze des Herrn macht den Menschen frei. Steht der Mensch noch unter dem Gesetz, das heißt, entspricht seine Denk- und Handlungsweise noch nicht den Gesetzmäßigkeiten Gottes, so wird er immer wieder Ursachen schaffen, die wiederum ihre Wirkungen zeitigen werden.

Um aus dem Rad von Ursache und Wirkung heraus zu gelangen, bedarf es der Kenntnis und Erfüllung der sieben Grundstufen des göttlichen Gesetzes. Dieses beginnt bei der Ordnung und endet auf der Stufe der göttlichen Barmherzigkeit."

Die Darlegungen zu diesen sieben Grundstufen bilden auch das letzte Kapitel dieses 400 Seiten umfassenden Werkes, das mit den Worten schließt:

„Gottes Geist kennt nur Gesundheit und geistige Lebensfreude. Übe dich auf der Leiter zur Erkenntnis in der Gottes- und Nächstenliebe. Dann wird dir der Geist Gottes alles schenken, was du zu deinem weiteren geistigen und irdischen Fortschritt benötigst.

Geistlehrer Bruder Emanuel, der Cherub der göttlichen Weisheit, wünscht seinen Geschwistern im Erdenkleid ein gesegnetes Leben und die Fülle aus der göttlichen Allmacht."

Soweit einige der offenbarten Perlen aus dem Reich Gottes und dem erschlossenen Bewusstsein Gabrieles zu dem Bereich „Heilwerden an Seele und Körper". Die zitierten Worte des Cherubs der göttlichen Weisheit: *„Ohne Erfüllung der heiligen Gesetze Gottes gibt es keine Befreiung von Krankheit, Not, Trübsal und Sorgen. Einzig und allein die Erfüllung der Gesetze des Herrn macht den Menschen frei"* und sein Rat: *„Übe dich auf der Leiter zur Erkenntnis in der Gottes- und Nächstenliebe"* führen wieder zu dem Anliegen, durch Selbstbeobachtung und

Selbstschulung zur Bewusstseinserweiterung zu finden und dadurch frei zu werden von dem dämonischen Zahlencode.

Die hier wiedergegebenen Darlegungen und die Auszüge aus einigen der Schriften aus der *Bundeslade des Freien Geistes* können nur einen ersten Eindruck vermitteln von der Fülle des Rüstzeuges, das in der *Bundeslade des Freien Geistes, im Zelt Gottes unter den Menschen mit der Sophia Bibliothek* jedem dargeboten wird, der sich mit Hilfe des Christus Gottes durch Selbstschulung und Bewusstseinserweiterung von den Fesseln befreien möchte, die er sich unter dem Einfluss des dämonischen Zahlencodes selbst geschaffen hat. Viele weitere Schulungswerke Gabrieles stehen dort bereit, Seiten über Seiten des geschriebenen und Stunden über Stunden des gesprochenen Wortes.

Aktuelle und lebensnahe Aufklärung und Schulungsinhalte findet der Leser in Büchern und Schriften wie ***Das Leben und Sterben, um weiterzuleben****;* ***Dein Leben im Diesseits ist dein Leben im Jenseits****;* ***Horror Astral****;* ***Der Weg des Vergessens****;* ***Der verbogene Glaube. Weihrauch – oder das Reich Gottes?*** – eine sehr kompakte

Zusammenfassung grundlegender Wahrheiten über das Reich Gottes und das Wirken des Christus Gottes in dieser Welt, und die Aufklärung und Richtigstellung der Lügen, die darüber von der Priesterkaste aller Zeiten in der Welt verbreitet wurden und werden.

Das Buch ***Hallo! Hallo! Umdenken!*** enthält ebenso wie das Buch ***Allein in Partnerschaft und Ehe? Allein im Alter? Leben in der Einheit! Du bist nicht allein – GOTT ist mit dir*** grundlegende Lehren aus dem Gesetz Gottes der Gottes- und Nächstenliebe und konkrete Hilfen für ihre Anwendung im Alltag.

In diesen und weiteren Büchern gibt Gabriele Trost und Hilfe, sie klärt auf über Ursachen und Zusammenhänge und den Weg heraus aus selbstauferlegten Zwängen und führt den Suchenden von den konkreten Sorgen und Problemen hin zum helfenden und heilenden Christus Gottes in uns.

Der Sinn unseres Erdendaseins, unser ursprünglich göttliches Wesen wieder zu erschließen, ist besonders auch für unser Verhältnis zu der Natur und den Tieren von Bedeutung, die Teil der göttlichen Schöpfungsordnung sind. Die Natur und die Tiere sind unbelastet und stehen in Kommunikation mit der ganzen göttlichen Schöpfung. Der Mensch hat diese Kommunikation verloren, in seiner Ichbezogenheit geht er brutal gegen die Geschöpfe Gottes, die Tier- und Pflanzenwelt vor und ist zu ihrem Feind geworden. Der Mensch muss wieder in die Einheit mit den Tieren und der Natur finden, die Teil seines eigenen göttlichen Wesens sind. Dies ist nur möglich über die Selbsterkenntnis und Bewusstseinserweiterung durch Erfüllung der göttlichen Gesetze. Darüber offenbart ein Geistwesen aus der göttlichen Weisheit in der durch Gabriele niedergeschriebenen Offenbarung in dem Buch: ***Das Leben mit unseren Tiergeschwistern. Du, das Tier – Du, der Mensch. Wer hat höhere Werte?*** Daraus einige Worte:

„Wer Gottes Willen erfüllt und dadurch geistiges Wachstum erlangt, der steht in freundschaftlicher und geschwisterlicher Verbindung – in Kommunikation – mit seinen Mitmenschen und auch mit den Naturreichen.

Der neue Mensch steht jedoch im kosmischen Frühling des Es Werde; denn immer mehr Menschen erkennen die große Tat des Sohnes Gottes und sind dem Ewigen dankbar, dass Er sie durch Christus, Seinen Sohn, durch Boten des Lichtes und durch erleuchtete Menschen anleitet, wie sie gegenwärtig und zukünftig empfinden, denken, leben und handeln sollen, um dem Einfluss der Finsternis zu entrinnen. Zu dem allumfassenden, gesetzmäßigen Leben gehören die Nächsten und die Übernächsten, die Tier-, Pflanzen- und Mineralwelt. Alle Lebensformen sind in Gott, denn alles Sein ist in Gott."

Wie gesagt, das sind nur einige der vielen Schriften und Tonaufzeichnungen Gabrieles in der *Bundeslade des Freien Geistes*. Wer sich selbst ein Bild machen möchte, wird im *Zelt Gottes mit der Sophia Bibliothek* eine große Auswahl von Schriften und Tonträgern finden, aus denen er frei auswählen kann, um zu lesen und zu hören und, wenn er möchte, daraus zu lernen und sich selbst zu schulen.

Vom Wissen über die Selbstschulung zur Erfahrung

Wer sich nur ein wenig in die hier vorgestellten Offenbarungen und Schriften vertieft, beginnt zu verstehen, warum der Ort, wo diese zugänglich sind, auch als Universität der Göttlichen Weisheit bezeichnet werden könnte. Hier wird nicht das Wissen von Vorstellungen, Ideologien, Doktrinen, Thesen und Theorien vermittelt, die der menschliche Intellekt hervorgebracht hat und die oft nicht einmal ein Jahrzehnt der menschlichen Zeitrechnung überdauern. Es ist die Weisheit, die Wahrheit aus dem Reich Gottes, die in allen Facetten dargelegt wird, die Bestand hat und unvergänglich ist. Der menschliche Intellekt kann die göttliche Intelligenz meist nicht erfassen, geschweige denn widerlegen.

Jeder Mensch mit wachem Verstand und Klarblick wird auch erkennen, dass die Fülle des offenbarten und bewahrten Gutes, das durch eine einzige Frau, Gabriele, gegeben wurde, nie vom menschlichen Intellekt hervorgebracht werden kann und auch noch nie hervorgebracht wurde. Das gilt nicht nur für den Umfang, vor allem trifft diese Feststellung auf den Inhalt und die Tiefe des niedergelegten und bewahrten Gutes zu.

Jeder klare Analytiker wird anerkennen, dass eine höhere Macht, ein größerer Geist die göttliche Weisheit durch Gabriele offenbart. Es ist der *Ich Bin der Ich Bin*, den wir in dieser Schrift den Freien Geist, Gott, nennen.

Die Fülle dessen, was der Freie Geist durch Seine Lehrprophetin auf die Erde gebracht hat, ist noch weit größer als bisher hier in einzelnen Auszügen dargelegt. Das Ewige Wort des Freien Geistes, göttliche Offenbarungen, geistige Aufklärung, Wegweisung, Trost und Hilfe unmittelbar von dem liebenden Vater-Mutter-Gott, von Seinem Sohn, dem Christus Gottes, und vom Cherub der göttlichen Weisheit und aus dem erschlossenen Bewusstsein seines Geistduals, der Gottesprophetin Gabriele, findet der Besucher in vielen weiteren durch Gabriele gegebenen Schriften und Tonträgern, die in der *Bundeslade des Freien Geistes, im Zelt Gottes unter den Menschen mit der Sophia Bibliothek* aufbewahrt sind.

Noch ist bei weitem nicht die ganze Fülle des Wortes Gottes, das in über 40 Jahren durch Gabriele in die Welt gekommen ist, aus den Archiven gehoben. Doch die Anzahl der großen blauen Bände, der *Biographie des Christus-Gottes-Werkes*, in der *Bundeslade des Freien*

Geistes nimmt ständig zu, in denen das Wort, das noch in Archiven und auf Tonträgern verwahrt ist, schrittweise chronologisch zusammengestellt wird und im *Zelt Gottes* Aufnahme findet. Darunter sind noch Hunderte weitere und bisher nicht veröffentlichte Stunden der durch Gabriele gegebenen öffentlichen Offenbarungen aus dem Reich Gottes, die den Hörer und den Leser teilhaben lassen an den Augenblicken und dem tiefen Eindruck der unmittelbaren Nähe der höchsten Wesen aus dem Reich Gottes, die sich durch Prophetenmund offenbaren.

All dies, alles, was das Reich Gottes durch die göttliche Weisheit, die Lehrprophetin und Botschafterin Gottes, in die Welt gebracht hat, wird für alle Menschen guten Willens in der *Bundeslade des Freien Geistes* zu lesen und hören sein, in der Herberge für das Wort Gottes, des Freien Geistes, in dem *Zelt Gottes unter den Menschen für alle Völker dieser Erde mit der Sophia Bibliothek*, welches das Heiligtum aus dem Reich Gottes auf dieser Erde aufgerichtet hat.

Es ist nicht weniger als die ganze Wahrheit aus dem Reich Gottes, soweit sie mit menschlichen Worten wiedergegeben werden kann.

Das führt uns zurück zum Anfang dieser Schrift. Die Wahrheit steht jedem Suchenden offen. Jeder ist frei, sie zu hören und zu lesen. Jeder ist frei, und jeder ist auch angesprochen, sein Bewusstsein selbst zu schulen, um durch Bewusstseinserweiterung herauszufinden aus dem Zahlencode des Systems Baal. Die Schriften und Tonaufzeichnungen in der *Bundeslade des Freien Geistes im Zelt Gottes unter den Menschen* sollen Führung und Hilfe sein für Menschen, die den dämonischen Zahlencode entschlüsseln und überwinden wollen. Immer wieder wird dabei darauf hingewiesen, dass der Inhalt, der Sinn des gesprochenen und geschriebenen Wortes entscheidend ist, ein Hinweis, der sinngemäß so auch schon von Jesus von Nazareth überliefert ist in den Worten: *„Das Wort tötet, doch der Geist macht lebendig."* Wer die aus dem Geist Gottes offenbarten Hilfen und Wegweisungen annimmt und sich selbst in aller Freiheit und ohne jede Beeinflussung selbst schult, der löst sich Schritt für Schritt von der Beeinflussung durch den Zahlencode des Widersachers, er ist auch der kluge Mann, von dem Jesus von Nazareth sprach, der Seine Lehre hört und sie tut. Für ihn wird der Satz zur persönlichen Erfahrung und zum Beweis für ihn selbst: Über allem schwebt der Freie Geist, Gott.

Weitere Informationen

Der Innere Weg zum kosmischen Bewusstsein

Die Grundstufen:
Ordnung
Wille
Weisheit
Ernst

Der Innere Weg zum kosmischen Bewusstsein ist der Weg zu Gott in uns, der Weg der Freiheit, der Gottes- und Nächstenliebe.

Wir verstehen, warum es „Der Innere Weg" heißt, wenn wir uns vergegenwärtigen, was Jesus von Nazareth bereits vor 2000 Jahren lehrte. Er sprach sinngemäß: *»Ihr seid der Tempel des Heiligen Geistes, und das Reich Gottes ist inwendig in euch«.*

Der Innere Weg ist der Christus-Gottes-Weg, der uns zu Gott in uns führt. Es ist der Weg zu unserem wahren Wesen, denn: Wir sind nicht nur Menschen. Wir sind unserem Ursprung nach reine Wesen, die Gott, unser ewiger Vater, nach Seinem Ebenbild geschaffen hat. Möchten wir wieder zurückkehren in unsere ewige Heimat, in das Reich Gottes, dann gilt es, uns selbst zu erkennen, so dass wir Schritt für Schritt unsere Belastungen ablegen können - das Sündhafte also, das wir unserer Seele auferlegt haben. Dafür ist uns der Innere Weg unmittelbar aus dem Reich Gottes, aus der göttlichen Weisheit gegeben - es ist der Weg in ein Neues Zeitalter, das messianische und sophianische Zeitalter im Zeichen des Freien Geistes.

Durch Gabriele, die Prophetin und Botschafterin Gottes, offenbarte der Cherub der göttlichen Weisheit, auf Erden Bruder Emanuel genannt, den Inneren Weg Anfang der 1980er Jahre, und Gabriele erläuterte ihn in allen Details.

948 S., geb., Halbleinen, Best.-Nr. S 009. ISBN 978-3-89201-537-6. Euro 34,90
Auch als E-Book für Euro 12,99

Die großen kosmischen Lehren des JESUS von Nazareth

an Seine Apostel und Jünger, die es fassen konnten

mit Erläuterungen von Gabriele

Durch Gabriele, die große Lehrprophetin und Botschafterin des Reiches Gottes in unserer Zeit, offenbarte Christus selbst das Gesetz des wahren Lebens, das Er vor mehr als 2000 Jahren den inneren Kreis Seiner Apostel und Jünger lehrte.

Die großen kosmischen Lehren bringen uns die ewigen göttlichen Gesetze nahe und lassen uns hineinspüren in das Leben tief in unserer Seele, das unsere Heimat ist, und wir erfahren, wer wir in Wahrheit sind - kosmische Wesen, Kinder der unendlichen Liebe, auf dem Weg zurück in das ewige Reich Gottes, von dem wir alle einst ausgegangen sind.

Die großen kosmischen Lehren des Jesus von Nazareth wurden durch Gabriele ausgelegt und erläutert. Sie zeigt auf, wie wir sie im täglichen Leben, in der Familie, im Beruf und in der Freizeit anwenden können. Wir lernen z.B., unsere Mitmenschen richtig zu erfassen, in jeder Situation das Wesentliche zu erkennen, zur rechten Konzentration zu finden und vieles, vieles mehr. Wir finden zu dem Freien Geist, Gott in uns.

Die großen kosmischen Lehren des Jesus von Nazareth sind zusammen mit allen Erläuterungen von Gabriele in einen großen, edel gestalteten Gesamtband gefasst.

896 S., geb., Halbleinen, Best.-Nr. S 181. ISBN 978-3-89201-585-7. Euro 34,90
Auch als E-Book für Euro 12,99

Worte des Lebens für die Gesundheit von Seele und Körper

Das Buch beruht auf der Christus-Offenbarung: Ursache und Entstehung aller Krankheiten

Diese umfassende Christus-Offenbarung schenkt detaillierte Kenntnisse über die Abläufe im Inneren des Menschen, die zur Krankheit oder zu Gesundheit führen:

Zum Beispiel über die Auswirkung von Gedanken und Gefühlen auf den Körper, die Auswirkung der Störungen des Erdmagnetfeldes auf den Menschen und über die Entstehung von schädlichen Parasiten und anderen Krankheitserregern durch die Handlungsweise der Menschen. All das und vieles mehr wird mittlerweile von der Wissenschaft bestätigt, was man vor drei Jahrzehnten, als dieses Buch durch Gabriele, die Prophetin und Botschafterin Gottes, offenbart wurde, noch für undenkbar hielt.

Aus dem Inhalt:
Die Trennung vom Einheitsbewusstsein und die Entstehung der Materie • Die Rolle des Nervensystems bei der Entstehung von Krankheiten und Schicksalsschlägen • Jedes Organ ist Schwingung, Farbe, Klang. Die Chance der Reinkarnation • Die Quanten, die geistigen Energieträger • und vieles andere mehr.

336 S., geb., Best.-Nr. S 117. ISBN 978-3-89201-568-0. Euro 18,00
Auch als E-Book für Euro 8,99

Die Seele auf ihrem Weg zur Vollendung

Der Christus Gottes offenbart durch Gabriele, die Prophetin und Botschafterin Gottes, bislang unbekannte Einblicke in den Aufbau der Schöpfung und der Seele. Er erklärt ausführlich ihren Heimgang von der Erde bis ins Vaterhaus über die sieben Bewusstseinsstufen der Seele - von der Ordnung über den Willen, die Weisheit, den Ernst bis zur Geduld, Liebe und Barmherzigkeit. Diese Seelenstufen wieder zu aktivieren, ist die Aufgabe jeder Seele - hier auf der Erde oder in den jenseitigen Bereichen.

Das Offenbarungswort des Christus Gottes gibt Antwort auf viele Fragen, z.B.: Was hat die Seele auf den einzelnen Stufen zu erkennen und zu lernen? Wie ergeht es einer Seele, die in jungen Jahren ihren Erdenkörper verlassen hat? Wie sind die Planeten und die geistigen Wohnstätten in den Seelenreichen beschaffen? Und vieles mehr.

Gott, unser ewiger Vater, lässt uns nicht allein! Jede Seele wird, ihrem Reifegrad entsprechend, geführt und belehrt. Diese Christus-Offenbarung schenkt Erkenntnisse für unser heutiges Erdenleben sowie Mut und Zuversicht für das Weiterleben unserer Seele.

112 S., geb., Leinen, Best.-Nr. S 209. ISBN 978-3-89201-813-1. Euro 12,90

Das Ewige Wort - Hier!

Wir leben in einer einmaligen Zeit, die nicht wiederkommen wird, denn Gott, der Ewige, sandte den Seraph der göttlichen Weisheit abermals zur Erde, um in dieser Umbruchszeit Sein Ewiges Wort erneut den Menschen zu offenbaren, bevor diese Welt vergeht.

Welche unglaubliche Fülle in über vier Jahrzehnten durch das Trägerpaar der göttlichen Weisheit aus dem Ewigen Sein auf die Erde kam – der Seraph im Erdenkleid, Gabriele, der Cherub der göttlichen Weisheit aus dem Reich Gottes wirkend –, ist im *Zelt Gottes unter den Menschen für alle Völker dieser Erde mit der Sophia Bibliothek* in Büchern, Schriften, Ton- und Bildträgern eindrücklich dokumentiert.

Die vier Jahrzehnte des machtvollen Prophetischen Wirkens durch Gabriele sind aufgezeichnet und sind in den Archiven erhalten. Alle Gottesoffenbarungen, alle Schulungen, Meditationen, Seminare, Lehrandachten, Heil-Offenbarungen, Schulungen für eine urchristliche Betriebsführung, gegeben für alle Lebensbereiche, und, und, und – alles ist gut erhalten und ist zugänglich, so dass es in der *Bundeslade des Freien Geistes, im Zelt Gottes unter den Menschen für alle Völker dieser Erde*, zu hören und zu lesen ist.

Das *Zelt Gottes* beherbergt einzig Sein Wort in Seinem Werk, dem weltweiten Christus-Gottes-Werk, gefasst in den großen Bänden „Die Biographie des Christus-Gottes-Werkes – Das Ewige Wort von Abraham bis Gabriele". Das Ewige Wort aus dem Reich Gottes ist im *Zelt Gottes unter den Menschen* nicht nur zu lesen, sondern es ist auch zu hören, denn die originalen Tondokumente der göttlichen Offenbarungen sind erhalten. So kann jeder, der möchte, auch hören, wie

Gott-Vater, der Christus Gottes und der Cherub der göttlichen Weisheit unmittelbar ihre Stimme durch die Prophetin Gottes erheben und zu uns Menschen sprechen.

Das Wort des Ewigen – im *Zelt Gottes*, nirgendwo sonst, das unverfälschte Wort des Reiches Gottes für Menschen aus allen Völkern dieser Erde, einzig im *Zelt Gottes unter den Menschen*: das All-Wort des Heiligtums des Reiches Gottes. Deshalb die Inschrift beim Eingang zu der *Sophia Bibliothek* und zum *Zelt Gottes, der Bundeslade des Freien Geistes*:

Das Ewige Wort - Hier!

Sophia Bibliothek, Max-Braun-Str. 2, 97828 Marktheidenfeld
Tel. 09391 / 504 131, www.sophia-bibliothek.de

Gerne übersenden wir Ihnen
unser aktuelles Verzeichnis aller Bücher CDs und DVDs
sowie Gratis-Leseproben zu vielen Themen